用陪伴，找回曾在愛情受傷的妳

心理師用25個愛情故事

分享如何好好愛自己、做自己

江珈瑋 著

作者序

當個案來到我的面前，很常問個案一句話「若你用氣候來表達自己的情緒，今天是什麼天氣呢？」心情低落時，許多人常用下雨天、陰暗的雲朵快下雨了來形容自己的情緒狀態。「雨過，總會天晴」雖然是真實天氣的樣貌，但面對內在的低落，雨不停，感到受傷，感受到沒有這麼快雨過天晴是難熬的心情，所以我希望透過故事中不同的角度、書中Note的練習，結合我很喜歡的藝術治療、心理學治療取向、心理學知識及觀點讓你們參考，就像是為你們撐起一把傘，保護著你、陪伴著你、鼓勵你，更能有耐心找到自己的方式去愛自己、做自己。

對於「女性愛情失落」主題一直保持學習熱忱，我想根源來自於我的母親，一直以來，看見她是個非常有智慧的女人，以自己的人生身教示範「在愛情中跌倒，也需要自己慢慢站起來，做自己、愛自己、快樂是世界上最重要的事情」，現在的她過得非常快樂、有活力，也很感謝自己能擁有這樣一位母親。在自己個人愛情經驗、臨床經驗，也確實認為女性若能在愛情失落中成長、復原、療癒的心理階段後，就能過著自己真正嚮往的生活。

除了自己的個人經驗，在我的專業訓練中，有個專長是癌症心理領域，協助療癒許多人們的人生悲傷失落議題，常常陪伴人度過失落，許多「愛情失落」的人也常來到我的面前，愛情的失落形式很多種，像是愛的人愛不到、努力付出了也沒有結果感到失落、在愛情中感到失望而失落、分手後的心碎、對於生活空虛而寄望愛情，最終換來了愛情不好的結果而失落、流產失落、對於原生家庭的失落影響愛情等，在這些愛情失落的經驗中，我深信每個人都會受傷，若沒有好好療傷，就會繼續帶著傷口到下一段愛情關係，但懂得療傷的女性則學會滋養了自己的生命，帶著智慧及勇氣去愛。

在愛情裡受傷，雖然最終會隨著時間慢慢的淡化，但擔心的是沒有好好療癒傷口，或是用了不正確的方式去療傷，因此沒意識到自己已經放棄去愛、不信任他人，讓自己的心門完全關了起來，儘管身邊有著愛情，但最終也不是自己真心渴望的那種愛情。

愛情這件事，我算是個處理關係失落的專家，也常說自己處理的臨床議題都是滿滿的失落，與心理學界有些朋友常談到，我大概像「失落女神」吧，總陪伴著面對失落的人、療癒他們，最終希望他們過得好好的。

這次期待透過小品的方式，寫了25個故事，這些故事不涉及個案隱私，人物設定全部都更新修改，也添加了許多新的元素，把我所見：勇敢的女性、懂得追尋自己內在渴望的女性、接納自己不完美破碎自我的女性、儘管不完美也知道自己值得被愛的女性、自己當自己的神仙教母的女性撰寫在故事原型裡。

最後，感謝在愛情裡那些我曾愛過的、曾愛過我的、現在愛我的，生活中我愛的朋友及家人，還有很積極用心的編輯，才能讓這本愛情小品完成，發揮一些社會影響力，我知道不是每一個人都願意心理諮商，也還有一些人無法負擔自費心理諮商的費用，然而很多人都曾在愛情裡受過傷，所以期待這本愛情小品能讓你從故事裡好好與自己內在對話，是一本想陪伴你探索好好愛自己、做自己及療癒自己的貼心口袋書。

祝福每一位讀者都能找到自己嚮往的生活、愛情，或你的獨處咖啡時光，都好。

江珈瑋

心理師

推薦序

相愛容易相處難。

都說相愛容易相處難，本書在幫助讀者更懂一些相處為何難如何難，以及讓相處變得不大難的可能在哪裡。

相處從來不是簡單的事，情侶間連擠牙膏的方式都能吵架，而關鍵在於，問題不是擠牙膏的方式不同，而是雙方面對不同時為何要用「吵」的方式處理？

進一步看，吵，往往是立場之爭，爭誰對誰錯，雙方設法拿「道理」和「應該」來說服對方，此時「想贏」往往比相愛更重要。

細看的是，想贏，為何要訴諸於道理或應該？以及，為何「相愛」在關係中如此輕易地被忘記？

愛情模式，是本書提醒讀者思考的重要角度。

而愛情模式可分為文化的愛情模式與個人的愛情模式，文化的愛情模式是指文化中如何安放「愛」的位置。

設想，一個用了兩千年的時間相信，一對未婚男女不需見面僅憑媒妁之言就能結婚的文化，這樣的文化認為愛情在婚姻中有多重要？一個用了兩千年的時間相信，一對未婚男女甚至在還沒出生時，就能被雙方父母指定未來要成為夫妻（指腹為婚），這樣的文化認為在一起的兩人有多需要愛情？

文化中的重要節日往往反映出這文化的關鍵價值，過年是華人世界最長也最重要的節日，反映著華人世界的某些核心價值，從農曆除夕到元宵這16天，有一個晚上孩子特別開心，有許多天神明很高興，還有更多天是全家族都很愉快（除了長媳可能不大高興，因為要洗特別多的碗），讓孩子開心意味著對親子關係的重視；讓神明高興意味著對人與天關係的崇敬；全家族愉快意味著對家族情感的在意，而親子關係、家族情感，人與天的關係，都是華人社會的核心價值，但在這16天長假裡，沒有一天是留給夫妻獨處的，夫妻不獨處，愛情哪裡來？

於是我們看見，在華人的文化愛情模式中，愛情在婚後往往逐漸從指尖流失，不知不覺地消失……

又如同約會，約會的基本精神是，雙方放下一切手邊事務，專程去見對方，所有的時間只為了彼此，做甚麼並不重要，能在一起最重要。而婚後，許多夫妻第一個不再做的事就是不再約會，他們可能比婚前更常在一起，但在一起時往往不再會像當年約會時放下一切只是為了彼此，而是帶著各種柴米油鹽的日常事務，生活話題逐漸稀釋了愛情的味道。

這些情況並不是哪一對夫妻特別會發生的事，而是整個文化中幾乎所有夫妻都在發生且不自覺，於是稱為愛情的文化模式。也因此，一些希望重燃愛火的夫妻，往往用二度蜜月、重新度假，把孩子託給長輩然後小倆口自己溜去看場電影，把「約會」的內涵重新活回來，並由此把愛找回來。

第二種愛情模式是個人愛情模式，「模式」的重要特性是不自覺存在但實際上持續發生著。個人愛情模式往往不自覺地存在且實際上持續發生，特別不適合用理論或知識的方式講授，而本書中以各種不同的生命故事，或隱或明地讓讀者從中感受到個人愛情模式的存在與個人愛情模式對雙方互動的影響，這樣透過協助讀者從體會中感受到個人愛情模式，正是讓人從不自覺走向自覺的好方式。同時，在每個故事尾聲，作者也會提綱挈領地指出這個生命遭遇中值得留意的個人愛情模式，協助讀者不只看故事，還能從中真正學到點對自己的愛情有幫助的東西。

25個故事，各有不同風貌與境遇，也意味著，總有一個或多個故事能與讀者自身經驗相呼應，以便讀者在別人的故事中，看見與反思自己的愛情中可以成長和學習的方向。作者在書中娓娓訴說著一個又一個在愛情中浮沉的故事，也精準清楚地提點讀者對自身愛情可以成長療癒的方向，作者在做的，本書透過故事展現的，就是本書的前三個字「用陪伴」，陪著讀者找回曾在愛情受傷的你。

楊明磊 心理學博士
前淡江大學教育心理諮商研究所所長
曾任 澳門心理研究學會榮譽會長
台灣諮商心理學會理事
中華民國諮商心理師公會全聯會理事

推薦序

認識珈瑋十五年之久，在我眼裡的她，是一個讓人充滿驚喜的女孩，有著大大的眼睛、真誠直率的語言，跟她相處感受到有趣、自在、放鬆，在一眨一闔的眼神中，總會蹦出各種新鮮事。越過那不按牌理出牌的驚喜迷霧後，會發現她的心是如此敏感機智，時時善良、熱情回應著週遭人的情感需要。

她以自己曾經的愛情夢幻、心理學專業失落領域的訓練，真誠貼近個案的躍動心靈，陪著個案一步步的，從自我覺察、自我肯定、到重建，到給予幸福愛情新詮釋，如同她的人一樣，每篇都充滿小驚喜。

我常常以家族系統療法的概念，搭配音樂、冥想、呼吸，和人們一起探索生活、人際，和心理空間的關係，並陪伴彼此遇見內心的自我。每一個人的愛情也與自我內在有著密不可分的關係。在這本書裡面用了一些童話的比喻進入到讀者心靈，也有分享一些實用的自我照顧技巧，像是透過呼吸脈動來感受自己、藝術創作小練習去探索自己的心靈，一些讓你與自己內在對話的語句。

用呼吸與自己相處也是我常常使用的方式，我帶領過非常多心靈自我成長團體，觀察到即使是一些優秀、傑出的人反而也缺乏自我認同，得到了別人稱羨的社會地位、名利、伴侶，卻依然悶悶不樂，因為內在對於愛與理解的需要沒有被滿足，所以光是簡單的呼吸去感受呼吸帶來的愛是需要感恩的。

在尋找自我的過程中，一定會有走到陰暗黑洞裡的經驗，被無助感及恐懼包圍，不過需要信任「這只是自我旅程的一部份，走下去一定有出路」，除了相信自己，也要懂得尋找資源，像是好朋友、成長團體、信仰，如同書中在第四章裡有篇主題：「善良的現代灰姑娘」，她不只向外找資源，也懂得向內找資源，而走出自己的路。

珈瑋也鼓勵大家在孤單的時候，千萬不要因覺得自己很孤單，而覺得自己不夠好、不重要，因為許多人也正在經歷和你一樣的過程。

在這25個小故事裡，雖然生命如此不同，但總會看見一些自己的影子，希望你可以和我一樣，在這本《用陪伴，找回曾在愛情受傷的妳》裡一個個的小故事，看到熟悉的自己，如同作者所言，每一段你的人生經驗可能會發生一件事情，這個波折有可能就是生命對你的祝福，你所要做的就是把自己找回來、愛回來的過程。

郭懷慈　身心健康顧問
華人第一位家族系統排列治療師
脈動呼吸治療師／減壓冥想教練

目錄

CHAPTER 1 愛情填不滿心靈的空虛

CHAPTER

2

無關情愛，你⋯⋯喜歡現在的你嗎？

CHAPTER

3

就算不是一百分，也值得被愛

CHAPTER

4

受傷了，記得把溫柔留給自己

CHAPTER

1

愛情填不滿心靈的空虛

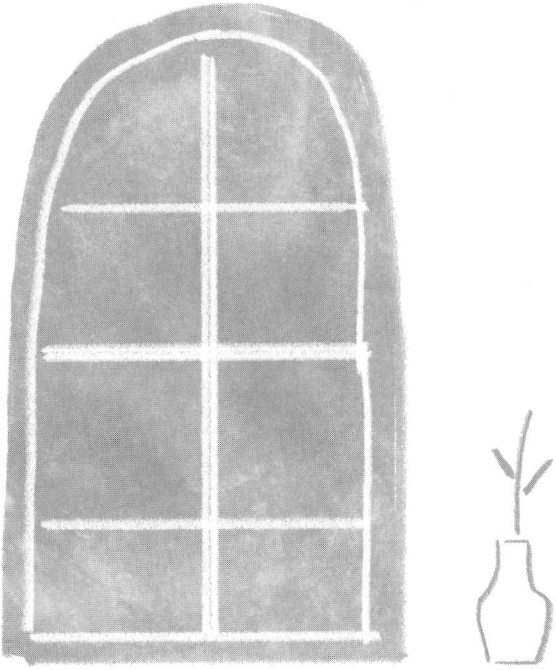

別遺忘了過去那個有力量的你

Daisy，31歲，總是聽她說學生時期，過得多開心，對比現在的她，離婚後帶著孩子，對離過婚的女人不夠友善的社會感到失望，活得死氣沉沉的。

「離過婚的女性，多少會在意社會評價，畢竟我不是賈靜雯，世界上也沒那麼多修杰楷。願意愛我，又不在意社會評價的男人並不多，尤其是我還帶著一個孩子。」Daisy 語帶哀愁地看著我。

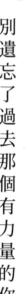

最近單戀一個男生，好不容易彼此有點曖昧，後來也真的在一起了，但交往一個月後，對方卻說：「對不起，我覺得妳不是我想交往的對象，在一起的感覺說不上來，先回到原來的朋友關係吧。」我非常震驚，在這麼短的時間就失戀了，心裡很不好受，胸口真的很悶，說到這裡，Daisy 淚流不止地啜泣著。

「好想回到學生時代哦——」Daisy 經常看著學生時的照片，感嘆學生生活好單純，沒什麼煩惱也不會有那種孤單感。不知不覺都31歲了，回想當時很有魄力的決定離婚，但現在的我，過得並不快樂。快樂是什麼感覺？不快樂多久了？好像是從兩年前離婚後開始的，回想不起來了。

「唉……這就是現實，雖然現在看著孩子成長也很幸福，但還是想有人愛，只是人沒那麼好找就是了。」Daisy 說。

「Daisy 妳所謂的孤單指的是什麼呢？」我問。

當一個人沒有好好療癒內心傷口時，很容易不自覺麻木地過一天算一天，雖然偶爾也會感受到一點快樂，但一個人的時候，內心會感覺空空的好像少了什麼。

Daisy 聳聳肩，說：「我也說不上來，就是身邊沒人陪，一個人時感覺特別孤單，每天忙工作、忙小孩功課加上生活，身體很疲累，很想有人陪在身邊。雖然也有幾個不錯的女性朋友，但就是想要有個喜歡的男性對象陪伴，不過對方現在只想跟我當朋友。」

我理解以 Daisy 目前的狀況，要敞開心胸找人交往甚至去愛並不容易，她現在的狀態，只想有個自己滿有好感的男性，陪伴她渡過生活中的孤單、寂寞。

我問她：「如果那個對象，以結婚為前提和妳交往，是妳想要的嗎？」

Daisy 馬上堅定地說：「我才不要婚姻，我只是想找個人填補內心的空虛孤單。」聽得出她對婚姻感到失望，再也不相信愛情。

我把我的觀察及對她的了解和 Daisy 分享：「這段關係看起來似乎為妳帶來活力，不過以前的妳，好像也有讓自己快樂的能力。我想了解一下，過去的妳是什麼樣子呢？因為妳分享了很多過去的事，但現在的 Daisy 跟婚前、學生時代差異很大，感覺妳很喜歡那時的自己，而我也滿想認識妳開朗、有創造力的那一面。」

Daisy 點點頭，馬上說下次會談會拿她的日記給我看。

經過多次會談，看著她的心情日記，在字裡行間會發現 Daisy 是個很有才華的女子，不只文字帶著詩意，也經常有自我勉勵的喊話和療癒插畫，讓人感覺以前她的生活中有著滿滿活力，很明顯 Daisy 是有豐富內在療癒能力的人，只是現在忘了自己內在的療癒能力而已。

於是接下來的會談，和 Daisy 討論以簡單的藝術媒材來做互動。首先，請她在紙上分別畫三顆心，代表過去、現在、未來三個不同時空裡的愛情狀態，表達形式沒有限制，想怎麼畫就怎麼畫。

她拿起筆開始作畫，在代表過去的圖畫紙上，畫了一顆很大，顏色多彩多姿的心，視覺上很豐富，現在的狀態，則畫了一顆空心，最後簡單用螢光黃色筆畫了一顆小小的愛心，代表未來。

「對於這些畫，妳自己怎麼解讀？」

Daisy 看著畫笑著說：「原來現在的我，心是空空的啊……」

我問她：「代表未來的那顆小愛心代表什麼？」

她看著自己畫出的作品，沉默了一分鐘後說：「可能代表還有希望吧。」

「我突然發現，交往時雖然渴望他的擁抱和陪伴，但其實我並不了解他，交往過程中沒有讓我感到特別開心的時刻。仔細想想，這段關係走向分手，一方面是對方狀態不好，另一方面，是因為我也不確定是否想要這樣的關係，而這些都和我有沒有離婚無關。我覺得……好像某部份的我沉睡了。」Daisy 這樣說著。

「嗯嗯，感覺妳沉睡了好長一段時間，不過就像代表未來的那顆小小發光的愛心一樣，妳好像醒了。」

看見自己創作的過去、現在、未來以後，Daisy 想做出改變，現在的她，不但規律運動健身、改變飲食、注重身體管理，也重新投入插畫創作。

結束會談兩個月後，收到一張她親手畫的卡片，她告訴我，現在一個人也過得很好，身旁的人都說她變不一樣了，她想等心情整理好之後，再考慮要不要走入下一段關係，目前最重要的是學著和自己好好相處。

Daisy原本就是個幽默、善解人意的女子，前夫出軌離婚後，因為受了傷於是封閉自己，不願對人敞開心胸，現在終於慢慢走出傷痛，雖然內心還有那麼一點點不甘心，但看著孩子，她叮嚀自己，不要讓自己的不甘心阻礙了幸福。

Note

當我們在愛情裡受到傷害和挫折時，很容易遺忘過去那個有力量的自己，這時試著回想過去一個人也過得很好的那些日子。

不管幾歲，有過什麼樣的感情經歷，離婚也好、分手也好，那些都過去了，受傷之後試著和自己和解，並從受傷經驗中，清楚想要什麼樣的愛情，而非因孤單、寂寞，迷迷糊糊地再次投入一段新的感情。

鼓勵你用一些方法與過去的你、現在的你、未來的你進行對話，像是以慣用的藝術媒材（10色以上的畫筆）來作畫，或準備一些雜誌，把有感覺的圖片、文字剪下來，貼在8開的紙上，然後將紙分成三等份，創作一個屬於你的過去、現在、未來的時間軸。

身為大齡女子，男友不婚怎麼辦？

她的英文名字是 Moon，意思是月亮，月亮小姐，33 歲，本來是空服員，受疫情影響，空服員不再是夢幻職業，所以轉職為秘書。隨著年齡的增長，不得不承認自己已算是大齡女子，所以一直想和交往兩年半的男友結婚，但讓她煩惱的是「男友不想跟我結婚」。工作因疫情大轉折、男友不想結婚，她覺得人生走到這裡，完全陷入瓶頸。

「我覺得我快得憂鬱症了。」Moon 這樣告訴我，最近她非常苦惱，感覺人生好像卡住了一樣，動彈不得。

我關心地問她：「發生什麼事了？」

Moon 開始訴說許多無奈的狀況，原本覺得跟男友還算合適，相處沒什麼太大的問題，花了心思、時間和他以及他的家人相處，一切看起來都很美好，雙方家人相處也沒問題。

她問男友：「你為何不想結婚？」

男友的回答是：「結婚真的有比較好嗎，很多人不也結婚又離婚。」

Moon感到既焦慮又困擾，因為和很多女生一樣，總覺得不應該是女方追著男方說要結婚。所以她試著用一些方法刺激男友，讓他感覺「我有人追，我還是有市場的」所以跟男友開玩笑地說：「有人追我喔！」男友竟然冷靜地說：「我知道妳不會離開我，我真的很愛妳啊。」

問題就這樣放了一年，男友依然沒有想結婚的意思。

「Moon，妳說男友不想跟妳結婚，但妳真的想結婚嗎？」我問她。

Moon的回答和很多台灣女生的回答一樣，她說：「都交往一陣子了，戀情也很穩定，不就是應該結婚嗎？結婚也代表男友願意對這段感情負責任啊。」

很多台灣女生在談戀愛時，有一個標準固定模式，大概就是交往戀愛→關係穩定→結婚，戀情穩定了接著就要走入婚姻，這樣的模式看似合理，但這些女生卻沒想過，自己真的想結婚嗎？

至於台灣男生為何遲遲不肯婚？有時並非是因為不夠愛，而是他們感受到女人對婚姻有高度期待與很深的情感依賴，對於婚後扮演家庭主要照顧者，以及相對要負的責任，讓他們感受到很大的心理壓力。

會談中與 Moon 討論，是否是受社會氛圍與傳統文化思想影響才想結婚，Moon 想了想才說，其實要不要結婚，自己也不太確定，只是總會擔心，萬一錯過時間點，之後男友不要自己了，怎麼辦？

「為何會用『他不要妳』這個詞呢？」我問。

「我怕他到時會嫌我老，是大齡女子啊。」

「所以妳好像對年齡很沒自信，是受社會文化思想影響嗎？」

Moon 停頓了一下說：「可能也是受媒體和親戚的話影響吧……像是過年總要被說妳老大不小了，怎麼還不結婚？都幾歲了，該有個穩定的對象了吧。媒體很愛在女性身上貼上『敗犬』、『剩女』的標籤，這些都會讓我對年齡感到焦慮。」

「妳的感受很正常，女性確實比較怕老，我們都希望年輕一點，但是真正能決定的是我們怎麼主觀思考年齡這件事，而不是被社會標籤牽著走。」

陪伴 Moon 去探索社會對於年齡的想法，Moon 也覺察自己很多感受，都是受社會文化影響，像是特別怕老、怕年齡太大被男友嫌棄，於是畫地自限，而且無意識按照社會的期待活著。

Moon 突然說了一句：「我想還是先把內在的焦慮感整理好再說，感覺不應該焦慮快成為別人口中的大齡女子，才急著想結婚。結婚是件大事，不想只是為了塞旁人的嘴而結婚，或只是為了社會的期待而活。」

我對她說：「妳的思緒愈來愈清楚了。聽得出來這樣想，妳有比較輕鬆一些耶。」

「對啊……而且我覺得好像應該好好深入了解自己的情緒、想法才對。」

之後，Moon的煩惱不再是「我是大齡女子，男友不求婚怎麼辦？」而是「我真的想結婚嗎？」、「男友適合結婚嗎？」

當她換個角度思考問題，就可以真正依照自己的心意去面對、解決煩惱，而非拿著社會文化價值逼著自己，即便面對結婚這個議題，也不再那麼焦慮，反而自在的很。

Note

看待愛情關係時，你是否也受到社會氛圍影響或傳統文化制約，而讓自己有焦慮不安、憂鬱、沮喪的情緒呢？其實不要讓自己的人生被牽著鼻子走，也是好好愛自己的方式。

當你遇到「你怎麼還不結婚，老了沒人照顧」、「大齡女子在愛情市場上只能等著被挑」這些問題時，先別急著迎合社會期待，因為每段婚姻都應該是經過深思熟慮，再做出來的決定，而不論年齡、身份、背景，你都應該握有主動權，而不是受社會文化或社會期待影響，讓自己處於沒有選擇、被動的心理狀態。

在愛情裡還是想「做自己」

小嫻，30歲，有個交往八年的男友，在愛情裡總是全心付出，她想有個完整的家，不過現在真的受不了男友的控制欲，每天都很不快樂，所以來到我的會談室。

聽到這裡大概可以想像，小嫻與男友是控制與被控制的角色關係。

小嫻無奈地說：「為什麼總是我付出比較多？以照顧之名掌控我的人生，我都快喘不過氣了，難道不能有自己的想法嗎？我不能做主決定任何事嗎？」

多數女性為了避免衝突或怕對方不開心，在愛情裡選擇以和為貴，忽略自己的感受，最後變得愈來愈不認識自己，而且正因為知道對方為什麼開心、為什麼不開心，以至於最後可能演變成不自覺討好對方，小嫻正是如此。在這段愛情關係裡，她明顯沒有忠於自己的感受，累積了這麼多年，這次終於忍不下去了，她疑惑地說：「究竟要到什麼時候，我才能做自己？」

小嫻與男友平時的相處模式大概是這樣：

有一次，小嫻剪了短髮，男友不高興地表示，比較喜歡她留長髮，還怪她沒先告知就剪短，事後小嫻安撫男友，答應以後會留長髮，就算要剪也會先告知。

又有一次，小嫻買了洋裝，即便是用她打工賺來的錢，卻仍被男友責備亂花錢。

小嫻本來想考研究所，男友卻說：「這個年紀，不適合唸研究所了，妳比較適合當公務員，不如考公務員，有穩定收入，還可以為我們結婚做準備。」

在這段關係裡，小嫻學到一件事，要和男友好好相處，不要起衝突，就是什麼事都先跟他報備。這樣的模式也出現在我和小嫻的會談裡，小嫻很擔心自己的負面情緒，造成我的困擾，直到我對她說：「小嫻，謝謝妳的善解人意，但在這個會談空間裡，妳的感受真的很重要，所以請放心在這裡釋放妳的任何負面情緒。」

總是習慣為人著想的小嫻，在聽到我提醒她「妳的感受真的很重要」之後，才放心在會談空間裡表達她真正的情緒。小嫻難道沒有自己的感受和想法嗎？其實是有的，只是不會在男友面前表現出來，面對愛情，她就是無法展現真實的自己。

這種順從他人的習慣，是因為小嫻從小學會要很聽話、很配合才能得到疼愛，若用精神分析學家溫尼．考特（Donald Winnicott）提出的「真我」與「假我」概念來解釋的話，也就是當孩童認知要表現好、學習好或特別乖，才能得到照顧者讚美時，會讓孩童感到憂慮，並產生擔心曝露真實感受，就會引來拒絕、不被愛的不安全感與想法，為了得到照顧者的關注與愛，便會順應環境去順從，變成一個乖寶寶，而發展出「假我」。

在愛情關係裡，不可能時時表現出「真我」，只重視自我感受，適時的「假我」是潤滑劑，但如果比例過高，就會失去真誠自在活著的感覺，而感到空虛、不快樂。當小嫻努力溝通，而男友不想調整，只希望她配合，也就是要小嫻一直扮演「假我」，才能維持表面和平時，她開始慢慢想脫離這段關係。

「雖然捨不得八年的感情，但這樣的愛情，讓我無法自在做自己，連做個決定都不行，這不是我要的愛情。」小嫻流著眼淚說。

小嫻對待這段感情很認真，但做出努力得不到對方願意做出調整的回應時，她最終選擇了忠於自我。提出分手時，男友雖然想挽回，但在這段愛情裡小嫻累壞了，現在她只想喘口氣，恢復單身。小嫻正規劃考研究所，雖然失去愛情，但是找回過去那個熟悉的自己，她告訴我，能做「真我」的時候多了很多，而她比較喜歡這樣的自己。

Note

真正的愛情關係，應該是可以接受彼此的不同，並在忠於自己感受的前提下互相溝通。談戀愛時，要保持一個好習慣：優先傾聽自己內在的聲音，忠於自我感受，唯有如此，才能用「真我」自在地活著，在愛情裡「做自己」並尊重對方，是件很美好的事。

以下問題可以幫助你，思考一下在你的愛情關係裡的樣貌。

一、在這段關係裡，角色是否彈性：你們的關係已經定型了嗎？比方：你經常是「照顧者」、「被照顧者」、「被控制者」、「控制者」等的角色。

二、在這段關係裡，你忠於自我的感覺嗎？「真我」與「假我」的比例為何？

妳在尋找什麼樣的愛情？

最近在咖啡廳、喝下午茶的地方，經常聽到隔壁桌女生討論在網路交友上認識的對象，有些好奇他們說的那些交友軟體，便將他們討論到的 Tinder、Sweet Ring、Dcard、柴犬交友軟體 Pikabu 等，全部查了一遍，發現這些交友軟體的確是讓很多人可以有更多機會墜入情網的平台。

雪兒，單身，27歲，銀行行員，談過一、兩段戀情，卻愈來愈不知道自己要什麼樣的愛情，她的朋友都說「恢復失戀最快的方法，就是趕快去用交友軟體」，其實她對這句話感到懷疑，但她還是玩了一年，然後現在只感覺空虛。

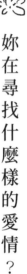

玩了交友軟體一年的她說：「即使在網路上真實表達自己，卻不能保證網路另一端的那個人，也如你一樣真實，當人有目的性時，只會呈現自己最好的那一面。」

她跟我分享了她在網路上交友的樣子，照片上的她和本人感覺有點落差，畫著黑色濃密的眼線，穿著法式復古風泡泡袖洋裝，還有幾張在咖啡廳讀書、旅遊拍的照片，但真實的她不愛思考、閱讀，只喜歡宅在家打電動。

雪兒習慣在工作休息時間打開交友軟體，看看有沒有人來打招呼，招呼內容不外乎就是「吃飯了嗎？」、「早安、午安。」內容沒什麼，卻可以從中獲得一點活力，她不確定自己想在交友軟體找到什麼樣的愛情，只是隨波逐流，因為交往模式往往是，約會狀態、有好感、發生關係，彼此沒有確認關係意願，最後慢慢不再聯繫，好像只是寂寞想找個伴，所以對象不要太差都可以。

「妳好啊，想多認識妳一點，可以嗎？」

「早安，今天過得好嗎？」

好像在尋找什麼，但又不是很清楚，所以總是不自覺關注交友軟體上的訊息。

雪兒一臉無奈，感嘆地說：「有點厭倦在網路上交友了，雖然可以打發時間，但總覺得哪裡不對勁，在網路遇到真愛的機率，跟遇見鬼差不多吧。」

我對她說：「對我而言，戀愛還是帶點科學的，網路上的真愛，不一定跟遇見鬼一樣困難，但是如果漫無目的地尋找，沒有思考想要什麼樣的愛情，才有很大的機率遇見比鬼還恐怖的對象。」

愛情帶點瘋狂的原因，在於墜入情網的當下，雙方大腦會分泌稱之為「快樂化學物質」的多巴胺，多巴胺分泌愈多，興奮愉悅感就愈強烈，這也是為什麼很多人很容易沉迷在戀愛的粉紅泡泡裡。

我認為愛情如果全都用科學或大量理論解釋，也許戀愛就不那麼有趣了，但我們需要理解戀愛的科學，如何影響我們的大腦，讓自己不只是被戀愛的感覺牽著走，也可以花些力氣學習談場聰明的戀愛，如果只是漫無目的尋找伴侶，那麼就真的是將自己完全交給命運了。

在雪兒身上我看見，她的生活模式及選擇方式就是漫無目的，所以我要做的是，陪伴她探索並思考自己想要尋找的是什麼樣的愛情。

「從過去的交往經驗，妳知道妳想要什麼樣的愛情嗎？」

「其實我不是很清楚。」雪兒說。

「什麼樣的愛情讓妳覺得比較踏實、安心，也不會有空虛感？」我繼續問。

每次會談都像在刺激她的大腦思考，因為她很少思考這些問題，漸漸地她發現自己想要以友誼為基礎的愛情關係，這種關係讓她感到安心，有了這樣的認知，後來在網路交友時，她不再快速進入一段關係，享受完激情，然後又會有「網路真愛難尋」的挫敗感。

當我陪著她辨識出自己的愛情風格以後，她也學習辨識對方的風格，她說：「這輩子我確定不會找以情慾為主的人，根本就是找死。」

這一刻，我們在會談室笑了。

我認為在愛情這條路上，不論發生什麼，有覺察、有學習，就是好事。

當人有寂寞想有人陪的情緒時，其實是最危險的時候，很多人這時會順著當下的感覺走，邀請你多思考一分鐘也好，思考一下，你想要的是什麼樣的愛情，問問自己當下的狀態是否合適，才能替自己做出好的愛情抉擇。

Note

玩線上交友軟體前，別急於進入戀愛關係，從過去經驗歸納出自己的愛情風格，確認自己屬於哪一種，一位加拿大社會學家John Alan Lee曾提出六種愛情風格：

情慾之愛

這種類型通常很浪漫，如童話故事般，感覺強烈且立即性，比如一見鍾情，這類型的人喜歡沉浸在愛情裡，大多是不間斷但專一的感情模式，享受愛情帶來的新鮮感和吸引力，但在結束一段關係後，會迅速與新對象陷入熱戀，維持戀愛的感覺。

友誼之愛

細水長流般的穩定愛情，他們重視陪伴、心靈交流和信任，對他們而言從友情昇華成愛情，以朋友關係做為愛情基礎比較安心。這種類型的愛情可以維持很久，但如果分手，會無法輕易進入另一段感情。

現實之愛

愛情中的實用主義者，會分析對象是否合適和未來可能性，像是能不能被家人、朋友接受，經濟能力如何、生活習慣合不合，這不代表毫無感情，而是更重視和考量對方的現實條件能否滿足需求，以減少這段關係需付出的成本。

依附之愛

這是一種喜歡依賴對方的類型，對情感強烈依賴、佔有慾高，需要對方給予穩定長久的承諾才會安心，這類型的人敏感且情感豐富，情緒易受人事物影響。

利他之愛

犧牲奉獻但不求對方回報的愛情類型，無私且無條件的愛著對方，包容性和接受度高，卻容易忽略自己的需求。

學習了解自己想要哪種類型的愛情，可以讓你談戀愛時變得聰明點，不會白花力氣去談不屬於自己風格的愛情。當我們寂寞想找異性陪伴時，也請有多思考一分鐘的習慣，在這一分鐘裡，真心問問自己：「現在這個決定是有益於身心健康的嗎？」

開放式關係真的是我要的嗎？

這個社會有愈來愈多關係選擇的模樣，只要雙方同意，在愛情裡並沒有所謂的對錯。

小安樂於學習，喜歡嘗試新奇有趣的事，年輕時便到處旅遊看遍世界各地，生活視野開闊，相較於同樣28歲的其它人，生活經驗豐富有趣許多，她自己也很滿意目前為止的人生，和身邊的姊妹聚會，常有人羨慕地對她說：「好好喔，妳可以有很多交往經驗。」、「妳的人生太精采了，可以見識到那麼多男性，不像我們，只交往過一、二個，就步入婚姻。」

然而小安也有著自己的困擾，雖然很受異性青睞，但對她而言，愛情已經不再有趣，因為愛情模式差不多就是那樣，甜蜜期、爭執磨合期，接下來分手。

最近一位男性友人，向她提出以「開放式關係」交往，她上網查了一下，開放式關係的定義是：開放式關係（open relationship）為人際關係的一種，在這種關係裡，雙方有保持伴侶關係意願，但不受主流單一配偶制的限制，這意味雙方同意保持戀愛關係或伴侶關係，也代表接受或容許第三者介入。

她想了想，好像沒試過這種戀愛形式，或許可以試試看，也算是一種人生體驗，反正暫時不考慮結婚，而且對方體貼又紳士，平時為人處事自信、誠懇，也很細心呵護她，小安很心動，於是接受提議，很快他們便以「開放式關係」為前提交往，在熱戀期時，他們就像一般情侶，總是黏在一起，但過了大約三個月，小安開始覺得不對勁。

「發生了什麼事？」小安表情開始變得沮喪，我關心地問。

「我發現他沒有花很多時間在我身上，反而熱衷於交友軟體，還跟我討論交友軟體上，他欣賞的那些女生。我都要氣瘋了，他卻說開放式關係就是這樣。」

「前幾天他傳來訊息說，下周要和其它女生約會看電影，口頭交代完，就真的去了，我雖然很氣，但又不能說什麼，因為我自己也同意這種開放式關係。」

很多人在探索自我的過程中，需要時間去釐清自己要什麼，如同一夜情、炮友、多角關係，有些人以為可以接受，但試過以後，才知道根本沒辦法，此時內心可能發出「繼續可能會受傷」的警訊，而發出警訊的人通常會立刻回收感情，只受到輕度傷害，但有些人則因此陷入混亂且感到空虛。

這個時代戀愛形式變得多元，每個人對於戀愛關係定義也有所不同，就像所謂「開放式關係」有些人認為是先不承諾，遇到更適合的，彼此說清楚，並保有與兩者同時交往，讓對方有選擇的機會；有些人對「開放式關係」的定義，可能只是想美化可同時與多人發生性關係，卻又不想被說成是劈腿的行為。

我問小安：「所以妳不太能接受，對方提議的開放式關係嗎？」

小安點點頭，她覺得自己不適合這種戀愛形式，但現在放不下這段感情，所以陷入兩難。

「妳怎麼形容妳現在的狀態？」

「感覺很悲慘，好像把自己想得太厲害了，還以為我可以接受第三者，其實根本還是會有嫉妒、佔有的心情。最近很多朋友陸續結婚，我不知道自己到底在幹嘛，怎麼會答應這種形式的愛情關係，坦白說蠻空虛的。」

在我們的生命裡或許也曾像小安一樣，感覺空虛、無意義地活著，雖然每個人對空虛感的解釋不盡相同，但心理學上的空虛感（emptiness）指的是一種無意義感，內在會有缺乏、貧瘠的感受，沒有太多感覺，也難以感受愛，有些人會感覺自己像個機器人活著，有些人會因為這種內在空虛感，想要有活著的感覺，而過度工作、沉溺於不健康的親密關係。

空虛也可能是種心理保護機制，避免我們承受痛苦，傾聽小安的故事，發現到她內心有種空虛感，因此需要陪伴她探索她的空虛感，是否來自童年經驗。

小安一直知道自己受原生家庭影響很大，因為從小就是被忽略的孩子，經常目睹父母起衝突，他們的衝突有很多：語言暴力、冷暴力。小時候心裡常常想，別人也會像我家一樣嗎？

「每個家庭都有本難唸的經，不過小時候的我們，會在環境裡學習到一些事情，妳覺得妳學習到什麼呢？」

小安說：「我學到的是，結婚是一件很恐怖的事，我不明白他們這麼不快樂為什麼還要結婚，小孩很倒楣，還要承受那些事情。」

「那麼這樣的家庭，如何影響妳對愛情的態度呢？」

「我發現只要感情稍微穩定一點，就會從心裡生出一種很難形容的恐懼，提醒我不要太認真談感情，不然會有不好的事發生。」

「嗯嗯——原來是這樣啊。」

在充滿衝突、冷暴力環境下長大的小安，父母的激烈衝突對她造成傷害，因此覺得結婚不是快樂的事，所以她不是很想結婚，只想享受當下，所以才會一直不斷戀愛。

讓人感到奇妙的是，因為與我的會談，小安有了可以自在表達的空間，她竟然可以鼓起勇氣，對媽媽說出小時候的感受，她說：「看到你們總是激烈地爭吵，其實我很受傷。」結果媽媽抱著小安哭著說：「以前爸爸在外經商，常常找女人，媽媽很受傷，所以每天忙著處理自己受傷的心情，忽略妳了吧。」

之後小安跟我分享：「當媽媽這樣跟我說了之後，自己那種空虛的感覺好像有好一點了，原來媽媽還是很關心我、愛我。」

「理解到媽媽很重視妳，會讓妳有想做些什麼嗎？」

「我會想改變耶，想好好照顧自己的心情，不想繼續那種開放式關係。」

理解到小安想改變，我把一些想法跟小安分享：「小安，我知道妳在不斷高衝突的環境裡受傷了，但妳的愛情關係，也總是充滿衝突然後挫折，最後受傷，這可能來自小時候學習到的愛情模式，妳自己怎麼想呢？」

「嗯嗯……我有發現自己的表達方式，很容易和對方起衝突，但不知道為什麼會這樣，或許是小時候學來的。」

「那我們就一起先療癒以前的傷口吧。」

我邀請小安一起療癒自己，過去受傷的畫面和記憶可能都還存在，不可能完全抹滅掉，不過要怎麼安撫心裡那個受傷的小孩呢？

「我想跟她說，看到父母起衝突，當時的妳應該很傷心吧，現在有我陪著妳，妳不會再感到孤單了。」小安邊說邊流下眼淚。

「還想說些什麼嗎？」

小安閉上眼睛說：「我想要對我心裡面那個小孩說，我愛妳」。

當她這樣說的時候，感受到她的平靜，好像自己完成一個療癒的過程，我相信接下來，她會慢慢朝向自我成長的療癒之路。

Note

如果你發現已經有很長一段時間感到空虛、無意義，且不自覺沉溺於不健康的親密關係時，可以嘗試找專業心理工作者陪你探索潛在心理的衝突，陪你療傷，或是在日常片刻裡自問：「你，現在還好嗎？」學習看見周遭的人對你付出的愛及關懷，感受這些愛的情緒，會讓自己這種空虛、無意義感的情緒好一些些。

幽暗森林裡的糖果屋

愛莉是個看起來內斂、美麗、沉穩，讓人無法輕易了解她想法的女孩，26歲的她很重物質，喜歡一切有品牌的東西，舉凡Chanel包包、Burberry大衣、Hermes行李箱都是必備珍藏，每次度假一定要住最好的飯店，只想過動動微整手術的輕鬆生活，最好嫁個有錢的男人，她認為這是愛自己、對自己好的方式。

然而，她遇到了一個大難題，一個人生中從沒遇過的危機事件，她來找我只是想要有個不會說出秘密的人，聽她訴說這個難題。

「發生什麼事？」我帶著關愛的眼神，看向愛莉左手腕上深深的一道傷疤。

那是她忍受不了巨大的壓力，劃的一道疤痕。

她說：「才新婚兩個月就發生大事，我的丈夫很有錢，是會計師也是財務顧問，開好車、穿名牌、帶我住最好的飯店也很浪漫，我想『願意為我花這麼多錢的男人，一定很愛我』而同事們也很羨慕我，完全滿足我的虛榮心。」

「沒想到他現在涉及挪用公款，我整個人心神不寧也不敢回娘家，怕帶給家人困擾，我跟他現在租一間小套房躲著，不想接家人的電話。」

「到現在我的腦袋還是一片空白，吃不好、睡不下，想到情緒就很低落，也覺得很沒面子。」

為了多了解愛莉一些，請她聊一下她的成長經驗。

愛莉大學是中文系，對未來很迷惘，好友有一天問愛莉：「妳想試試做酒店兼職嗎？錢滿好賺的。」愛莉覺得賺錢很重要，於是她去做了兩個月酒店兼職，也是在那裡認識現在的先生。愛莉說：「男人的錢很好騙，只要裝得柔弱一點，就會得到意想不到的好處。」

我好奇地問愛莉：「哪些好處？」

「在酒店工作，有時會遇到真心付出感情的男人，如果有老婆，他們就會直接用錢打動我。我想正如我意，輕鬆拿到一、兩百萬包養費。」

愛莉言語中不斷提到物質條件的重要性，和原生家庭有很大關係，她有一個過度順從的母親和一個極好面子且重視金錢的父親，從小就給愛莉一個觀念：把妳生得這麼漂亮，以後一定要嫁有錢人，才會幸福。

「聽起來妳受爸爸影響很大。」

「對啊——這世上除了錢，其他都不重要，其實我很討厭爸爸這種想法，但不自覺會按照爸爸的目標，去找有社會地位、有錢的好女婿。」

愛莉因為害怕爸爸生氣，生活得很壓抑也不快樂，感覺生命沒什麼意義，慢慢地她成了「拜金主義」，反正用好、吃好，沉迷於享樂世界就好，其他事不用思考太多。

和愛莉一樣，她的先生也是個沉迷於物質的人，開好車、重視名牌，讓別人覺得自己社會地位崇高，愛莉提到和先生共同沉迷於物質世界真的滿快樂的，歐洲一年可以去三次，讓旁人羨慕不已。

我問愛莉：「妳真的不知道先生有挪用公款那些行為嗎？」

愛莉說：「其實我有發現不對勁，但是我不想多問，不問就沒事吧。」

花了一段時間了解愛莉的故事，藉由會談陪伴她降低恐懼和焦慮，避免她再自我傷害，也給予她心理上的支持。

「妳未來打算怎麼辦呢？」

「為了避免承擔他的債務，目前先協議離婚，但我很愛他，也知道他很愛我，我們說好不離不棄。他有跟我坦白挪用公款的事，我原諒他了，未來會陪他面對相關法律問題。」

愛莉和先生兩人會互相吸引，是因為對於要一直獲得社會價值認同感到厭倦，他們厭倦於不斷帶著面具去回應世界，唯有在一起的時候，可以表現出自己最真實、最黑暗的樣貌。

聽著愛莉的故事，讓我深深理解，雖然愛情心理學無法解釋所有事，但可以解釋有著類似的靈魂的愛莉與他先生的相遇。愛莉與先生都是極需獲得他人認可的人，因此透過物質生活來告訴別人「我比你們好」來滿足自己心理的匱乏感。

在童話故事裡有個《糖果屋》的故事，有兩個孩子在幽暗森林裡迷路，迷路久了，好不容易看見一個用糖果做成的屋子，小屋是用香噴噴的麵包做的、還有很多糖果裝飾著窗戶，屋頂上則是厚厚的蛋糕，兩個孩子二話不說啃起麵包，後續當然如同童話故事一樣，碰上了慾望的挑戰，巫婆會給予一些難題。

如同愛莉跟她的先生，兩個人在人生中迷路了，如同進到幽暗的森林，這時候出現的則是一種面對自己內在的黑暗，誘人的物質生活、獲得他人認可的滿足感、引起他人羨慕的優越感，這些都會吸取我們內在的注意力，但一個不小心，也許就遇上了巫婆（災難）。

我問愛莉：「經歷過這次經驗，妳對自己有什麼認識呢？」

愛莉笑著說：「發現過去的自己一直過於追求物質，現在那些不是那麼重要了，只要能跟先生在一起就好。先生也說，不要再過著太在意他人眼光的日子。」

愛莉其實想過要離開先生，但了解到自己不容易愛上別人，所以最終選擇原諒先生，和他一起渡過難關。而我也相信一起經歷重大危機的他們，會更了解自己，並不再為他人眼光而活。

Note

在愛情臨床經驗中，不難看到有兩個狀態相似的人互相吸引，兩個人的心都受傷了還沒有復原、兩個人都需要獲得世界認同，兩個在人生迷路的人就這樣碰撞在一起，互相取暖，很容易兩個人最終像《糖果屋》的孩子們一樣，選擇了危險的路途。

每一個愛情選擇，你選擇了什麼對象有可能反映了自己當下的狀態，所以愛自己有一個很好的方式就是「好好理解自己的狀態」。童話故事中很少提及如何面對黑暗，沒有人教我們如何面對內在的慾望，沒有人教我們如何去照顧自己的心意，學習的都是獲得他人的認可，然而，過度在乎得到他人的認可、社會的認可，容易讓我們在空虛時迷失，空虛時就是你走入幽暗森林的時候。

所以，平日可以練習好好整理自己並問下列問題，帶著「好奇心」去多了解自己吧。

- 你現在的人生選擇，有哪些是自己選的、哪些是原生家庭給你的。
- 你現在有過度追求社會的評價或認同嗎？
- 你過度追求物質生活總有一個屬於你的理由，原因是什麼呢？

CHAPTER

2

無關情愛，你……喜歡現在的你嗎？

我感受不到愛，也覺得沒資格愛人

愛情，多美的兩個字，但對有些人來說，愛卻成為一種奢侈。

芊芊原本是位開朗活潑的女生，有個平凡簡單的家庭，因為一場意外，整個家的面貌全變了。一場交通意外導致媽媽全身癱瘓，整個人變得憂鬱、易怒，且由於家裡重男輕女的傳統觀念，照顧媽媽的責任理所當然落在芊芊身上，但她也因此患上憂鬱症，所以來找我心理諮商。

芊芊坐下來，開口第一句話就是：「我這輩子可能無法再戀愛了。」

「現在因家庭因素，不敢談戀愛，擔心造成對方負擔，所以意外發生半年內，便與原本愛我的男友提出分手，當時的我感覺已經沒資格愛人。」

「因為家庭變故分手，妳的感覺是什麼？」

「雖然很痛，但我也很無奈。」

同理芊芊的無助感，其實她自己有很多悲傷，也不知道怎麼辦才好，每天狀況愈來愈差，情緒變得很低落，卻不能在重傷的媽媽面前表現出難過的樣子，她很討厭這樣的自己，過去開朗的她，現在只是強顏歡笑過日子。

「身邊的朋友都有穩定交往的對象，但我已經沒資格戀愛了，生命的重心只剩下照顧母親，這樣的日子過了兩年，感覺心好累、好孤單。」

芊芊的話，讓人聽了很心疼，她流著眼淚，壓抑住情緒問我：「妳覺得我還能談戀愛嗎？」我知道芊芊內心還是渴望找到一個伴侶，於是詢問她最近的戀愛狀況，芊芊說有一個條件不錯的男生追求，但不敢接受對方。

當我們的人生出現變故，伴隨而來的往往是很深的無助感，有時甚至覺得連談場戀愛都是奢侈，就算有不錯的對象，也擔心耽誤別人的人生，或是認定沒人會接受我這種家庭，心理想著既然肯定沒有好結果，不如別談了吧。芊芊的苦藏在心底，沒對任何人說，擔心說太多過於沉重的心事，朋友會因此疏遠她，對芊芊來說，這場意外讓她的家庭關係、人際關係、戀愛關係都出現狀況，且失去與他人的親密連結，因此感到憂鬱。

著名的心理治療師埃絲特．佩莱爾（Esther Perel）曾對於如何「愛」提出嶄新的觀點，就像學習新語言一樣，任何語言我們都要先學習「動詞」，而愛這個字本身就是動詞，每個人學習去愛的方式不同，在愛裡面我們會使用七個重要的動詞去形塑妳愛人的方式，那七個重要的動詞分別是：去要求、去拿取、去接受、去給予、去分享、去拒絕、去玩樂及想像。

這個觀點可以讓我們在愛情關係裡看清楚，自己愛人慣性使用哪些特定動詞，有時不熟悉某些動詞，是因為曾有過不好的經驗，然而只要願意去覺察就可能改變我們既定愛人的方式。

芊芊對於在關係裡的「去拒絕」、「去拿取」、「去分享」、「去玩樂及想像」並不熟悉，對她而言不論在家庭、朋友或愛情，她最熟悉的是「去給予」，所以我需要陪伴她去探索看見自己愛人的方式。

「去給予」是從小在家庭關係裡學習到的愛，但現在的家庭關係讓她喘不過氣，平時總是強忍著淚水，這次終於忍不住宣洩出來。

「我覺得很不公平、很憤怒、很生氣，只因為我是女生，就要承擔所有照顧責任，弟弟呢？都不用負責嗎？憑什麼？」平時說話小小聲的芊芊，激動地表達憤怒。

「妳一定很累吧？活得很努力也盡力照顧家人，弟弟沒有分擔照顧責任嗎？」

她嘆口氣說：「媽媽覺得弟弟以後要結婚生子，還要養家，所以爸媽認為應該由我辭職，全心照顧家裡，我曾試著反抗，結果媽媽難過地說，妳不想照顧我了嗎？聽了之後我很難受，只好把話又吞了回去。」

幾次會談後，芊芊對我說：「我愛我的家人，而如果他們也愛我，就應該重視我的需求，要有喘息空間，不代表我不愛這個家。所以和弟弟商量，輪流承擔照顧責任，幸好弟弟能理解，我們感情也因此變好，而我終於可以勇敢做出，搬出去住、找工作的決定。」

「妳喜歡做了決定後的自己嗎？」

一開始很難，但踏出第一步，做出充滿勇氣的決定之後，會發現照顧自己的需求很重要。最後她語帶堅定地說：「生命中的變數並非我能控制，但我可以決定如何回應這個變數。」

「那麼現在的妳，對愛情有什麼想法呢？因為第一次見面時，妳說的第一句話就是『我這輩子可能不能再戀愛了』，讓我印象深刻呢。」

「嗯——不論遇到什麼事，都是人生的一段經歷，現在我知道自己有資格好好享受一段愛情。」芊芊微笑地告訴我。

Note

華人文化裡依舊存在女性要為家庭犧牲的傳統觀念，這些在傳統家庭長大的女性，會因過於重視他人評價，壓抑自己的憤怒，他們就和心理學的「自我消音理論」（註1）一樣，將內在聲音消音，壓抑痛苦、生氣這些感受，忽略自身需求，若想有所改變，必須自我覺察是否有向別人說出自己的需求。

另外，發現自己愛人的方式相當重要，可以覺察自己七個動詞使用比例，如果只有「給予」時，請記得，在關係裡面還有「去拒絕」、「去分享」、「去玩樂及想像」、「去接受」，可以去關注一些愛人較少使用的動詞，像是「去玩樂及想像」、「去拒絕」，平常刻意多使用一點，並且可以在「某周」或「某月」多練習陪所愛的人去玩樂享受、去想像美好未來做做白日夢、去拒絕一些不喜歡的事情，這也是愛自己很好的方式。

你值得好好愛惜自己，不論因生命各種無常造成你的身體變化、家庭變化而自認沒有幸福的資格，我想對你說：「你的生命獨一無二，不論發生什麼事，你都有資格擁有幸福。」

註1：Jack（1991，1999）提出「自我消音（silencing the self）」來解釋女性與憂鬱間的關係。他認為女性習慣透過與他人的關係來定義自我價值，因此她們必須讓自己的聲音消失並壓抑憤怒、生氣的感受，以和他人維繫良好關係。

討厭一直在愛情犯傻的自己

Ashely 想了兩個月才鼓起勇氣來找我，她笑著說：「那句話是真的嗎？要當一個壞女人，才有人愛嗎？」

聽起來 Ashely 因為感情受傷，而不願意再以真實面貌好好去愛。我們都曾相信過愛情，但在犯了幾次傻，受了幾次傷之後，就會開始以防衛的姿態與人交往。

自從兩年前在社群軟體上發現論及婚嫁的男友出軌證據，選擇和男友攤牌，對方只說了一句抱歉，就已讀不回訊息並人間蒸發，在那之後，Ashely 決定再也不相信愛情。而也是從那之後，Ashely 變得討厭自己，平日利用工作忘記痛苦，假日寂寞時，就上交友軟體找對象，雙方協議單純約會就好，不談感情，這種不用負責任的關係看似輕鬆，但在每次約會結束後，內心總會泛起淡淡哀傷。

Ashely 最近的約會對象大她八歲，她覺得他和過去那些在交友軟體上認識的人，感覺不太一樣，當時嚐到了愛情的甜蜜，完全忘了過去在感情受的傷，於是很快交出真心，說著說著，Ashely 眼神變得落寞。

約會三個月後，她感覺對方是真心誠意對待這段感情，於是關係發展迅速，甚至聊到未來彼此一起生活的願景，Ashely 形容說：「我好像又開始相信愛情了，只要和他在一起，不論去哪裡都很愉快、開心，感覺自己有被好好呵護，讓她有『沒錯，就是他』的感覺」，然而故事並沒有如預期有個幸福的結局。

Ashely 懷孕了，正當她以為對方會負起責任時，他才坦承自己已婚身份，而且因為妻子懷孕，所以無法提出離婚。Ashely 匿名在網路上發文求助，網友們紛紛留言，說她遇到渣男，一排要她面對現實、他不愛妳等等的留言，她明白網友們是在替她憤憤不平，但愈看愈難過，或許受傷時，能從和自己同樣憤慨不平的網友身上，得到一絲安慰，但最終還是要獨自面對「即使遇到這種渣男，我還是在乎他、愛他」這顆受傷的心。

遇上了懷孕的難題，陪伴著 Ashely 先冷靜思考兩個層面：

一、自己能不能獨自照顧小孩。

二、現在是否準備好當母親。

原本 Ashely 以為自己可以很冷靜，但其實心裡很混亂，每晚煎熬地躺在床上摸著肚子，想著接下來怎麼辦？男友為難的眼神，就像在胸口上狠狠插了把刀，雖然沒說出口，但心裡知道男友希望拿掉孩子。最終，Ashely 還是沒有勇氣獨立養育孩子，忍痛做出選擇，並在做完藥物流產的同時提出分手。

做出抉擇後，後續情緒照顧很重要，雖然 Ashely 做出重大決定，但之後會開始出現自責、罪惡感，尤其流產後，心理上的失落與傷害往往會被壓抑住，不易顯露在外。

我擔心地問 Ashely：「對於流產，妳覺得最困擾妳的情緒是什麼？」

Ashely 說：「我想是自責吧，很氣自己為什麼沒做好避孕，我不太能接受自己犯這個錯誤。」

「妳當時有做避孕措施嗎？」

「沒有，當下沒想那麼多，覺得突然說要用保險套會打斷情趣。」

「所以妳沒有多想什麼，也沒想到可能懷孕？」

「對，只是單純想說，如果有了就結婚。我真的不知道他有老婆。」

Ashely 對男人徹底失望、對自己失望，加上流產後的悲傷，身邊卻沒人讓她放心傾訴這些事，她哭著對我說：「希望妳陪伴我渡過這個哀傷的歷程。」

接納自己的情緒對流產後的悲傷心理調適很重要，對於 Ashely 的傷痛，我用以下這些方式，陪她一起走過這個歷程。

一、察覺流產後的情緒：看見好友生小孩，感覺有點嫉妒，並想起失去的寶寶而感到悲傷、難過，自認已經調適好了，畢竟生下來也不能讓寶寶獲得好的照顧，所以這是正確的決定，但看見別人的寶寶，會不自覺感到哀傷且情緒低落，有時還會伴隨身心反應，例如：不自覺想流淚、胸悶、過度換氣、頭痛、頭暈等等，這些都可能是正常悲傷失落的身心反應。

二、照顧自己的身心健康：不斷提醒 Ashely 好好照顧身體，注意回診婦產科的時間，注意是否有腹部疼痛、不正常出血、睡眠、不安、憂鬱的心情等狀況，身體是否需要營養師、中醫師調理。

三、創造哀悼儀式感：當心裡慢慢接納逝去的事實，可以試著和受傷的經驗對話。Ashely 說：「因為不想忘記，一直記得流產那天的日期，之後會花一些時間來哀悼這一天。並在心裡和逝去的寶寶說，對不起媽媽無法照顧你，但依然感謝你曾經出現在我的生命裡。」

四、學習接受自己的傷痕，懂得愛自己：Ashely 願意接受自己的傷痕與犯傻的原因，思考自己在愛情關係常習慣給予愛情而忘了保護自己的身心。

她接納了已經失去的事實，雖然對流產經驗感到遺憾，但她想多憐惜自己一點，所以不批判自己，隨著哀悼結束，她慢慢不那麼討厭自己了，她想花點時間療傷，不想在短時間內進入下一段戀情。

最後我提醒 Ashely，談戀愛前濾鏡不要開太強，需要改變一開始就過度美化愛情關係的習慣。

「我不會再傻了，已經傻了兩次。希望未來會談目標放在如何在愛情裡聰明一點。」Ashely 對我說。

我想，誰都會在愛情裡犯傻、犯錯，但切記不要在同樣的地方不斷犯錯，因為那會讓你的挫折感加倍，導致最後可能變得無力而放棄去愛。

Note

如果現在的你正面對流產的失落，請先安撫自己並對自己說：「現在先不責怪你，我知道需要時間好好陪伴受傷的你，走過流產失落哀悼的歷程」，然後你可以：

- 覺察流產後哀悼的情緒，好好照顧自己的身心。
- 接受自己出現的悲傷情緒是正常的情緒。
- 創造哀悼的儀式，與逝去的寶寶對話。
- 學習接受自己的傷痕，好好愛自己。

最後，親愛的，別忘了，一開始別把濾鏡開太強，否則容易過度美化對方，而讓自己陷入險境。

愛情，不一定要走到最後

著名精神分析心理學家佛洛姆曾說過，他認為真正的愛情，可以彼此喚醒某種有生命力的東西，而雙方因喚醒了內心的某種生命力，而充滿快樂。

經典愛情片，總是值得一看，《麥迪遜之橋》也許有些久遠，是不屬於這年代的愛情電影，但卻可能喚起人們對真正愛情的嚮往。故事講述有夫之婦（梅莉史翠普）每天的生活就是圍繞著丈夫和孩子。某日，丈夫帶著孩子到鄰鎮參加比賽，女主角一人留在家裡，在這四天裡，因外地攝影師（克林伊斯威特）的闖入，讓她找回壓抑許久的夢想與快樂，最終她選擇家庭與責任，直到女主角年老過世，提到希望骨灰撒在那個曾經有愛情的地方，她的孩子們才從日記裡發現這段浪漫戀情。這部電影讓人動容的是，克林伊斯威特在片中對女主角說：「那麼確切的愛，一生只有一回。」而女主角在離開人世時也用行動回應這句話。

想像有一天你走到人生最後，回顧生命歷程，回想起某些遺憾時，你想起誰了呢？

在Natile心底，也有一段如經典愛情故事般深刻的存在，但因為兩人沒有勇氣牽手走向未來，雖然結局遺憾，不過這輩子不會忘記他。

對方小她八歲，因為公司同事聚餐，同事的弟弟跑來湊熱鬧認識的。36歲又很會保養，Natile看起來像是只有30歲，同事的弟弟很自然被她吸引，進而相識然後進展到交往，交往兩個月後Natile向男友坦承真實年齡，一直以為只大了兩歲的他，聽完很驚訝。

男友的家庭相當傳統，她知道年齡差會是這段關係的一大難題，果然在知道差了八歲之後，家人極力反對，男友本來就是乖順型，不可能反抗家人，所以經常對Natile說：「我爸媽很反對，家人對我很重要，好煩呀，要怎麼辦才好，我們可能不行了。」Natile心疼愈來愈不快樂的男友，心裡想：「是啊——大他八歲，對他來說壓力太大了。」

Natile說雖然最終分手，但交往兩個多月的快樂時光，她不會忘記。因為都喜歡登山、喜歡戶外旅行，有共同興趣，所以兩人就像孩子一樣到處玩耍，沒出去玩的時候，就在家耍廢看電影，只要待在同一個空間，不用特別做些什麼也覺得很幸福。

他們彼此都覺得很契合，這次的戀愛和過去經歷過的完全不一樣，她形容當時兩人真的好快樂，男友看她的眼神總是閃閃發光，手機號碼標註甚至用「老婆」稱呼Natile，生活中也百般呵護，甚至想和她結婚。

「愛對方，一定要走到最後才是愛嗎？」Natile這樣看著我，她說的時候心裡已經有屬於她自己的答案。

他們最終沒有走下去，因為Natile主動提出分手，她明白年齡的差距，男友和男友的家人不可能接受，她不想給他壓力，所以雖然痛苦，仍然決定分手。

「做出分手的決定後，整整一個月，沒辦法好好吃、好好睡，每天暗自哭泣，他的電話我沒接，選擇消極逃避，但其實是我不知道怎麼面對。」

「我希望這份愛情保留在美好的回憶裡，繼續下去只會讓他為難，這樣愛情會消逝得更快。」Natile 這樣告訴我。

我問 Natile：「妳對這個決定有感到任何遺憾或後悔嗎？」

Natile 說：「有時候或某個時刻，會覺得如果我不說分手，是不是還有機會克服難題，不過現在說這些也沒用了，他最近結婚了。」

原來她無意中在對方社群媒體上看到婚紗照，想著這個新娘曾經似乎可能是她，一時情緒湧上心頭，回頭才發現已經過去兩年了，Natile 傻笑著急忙說：「沒有啦，就一時想到，謝謝妳聽我說，不過當下看到，確實有稍微感傷了兩、三個禮拜，這也是她想找人談談的原因。」

《麥迪遜之橋》是他們一起看過的電影，Natile 推薦我看，有時候個案的生活不知不覺中影響自己，也會在日常生活中想起他們的感受，看完電影後，更明白她所謂的愛得深切，原來彼此相愛也不一定要在一起。

Natile說這份愛情愛的深切，對方的單純、孩子氣與活力深深吸引著她，在那兩個月裡，兩人愛在當下，沒有任何爭執，她很感謝有這段經歷，因為這是在她生命中愛過的痕跡。

只見過Natile一次，但見證了一位勇敢的女孩用她的方式去好好愛過，並不後悔自己做的任何決定。

Note

或許你也曾有過確切深愛一個人的感受，然而因為某些時空背景、現實因素考量而最終無法在一起，不論如何都記得，你們的愛情存在過，或許曾有過失落、受傷及遺憾，但那必然是因為你毫無保留將心交給對方。

愛情是雙方願意親密的表現，將我們最脆弱的部份與對方相遇，感謝這段讓你喚起生命力的愛情曾經存在著，感謝這段愛情走過、感謝你愛的勇敢。

療癒與母親的關係

28歲的湘湘是家庭醫學科醫師，選擇家庭醫學科的理由很簡單，因為這個科別可以好好照顧未來的先生、孩子，不需要輪班，而且可以維持生活品質。嗯……這一切都是她美好的人生計畫，現在只差找一個好對象，把自己嫁出去。

對於感情她相當保守，過去忙於學業從來沒交過男朋友，年紀和她差不多的女醫師都說：「湘湘，妳是活在哪個年代啊？」說到旁人批評她對愛情的看法時，湘湘無奈地嘆口氣說：「她們不知道，其實我也想談戀愛，想有個人來好好愛我，然後結婚、生子。」

湘湘從小就被母親耳提面命，一切的努力都是為了找一個好對象。儘管有時會心存疑惑也想反抗，但又好像覺得這樣的人生才是對的，所以她非常努力當上醫師，被母親認可，然後等著找一個好對象。

「我自認條件還不錯，但好像找不到喜歡的人，雖然朋友也會介紹，可是見過幾次面後，就沒下文了，妳可以聽聽看，到底是哪裡出了問題嗎？」根據湘湘的說法，大約是約會對象有些人還不錯，職業也在理想範圍，但經常約過一、兩次後，就沒有下文了。

我問湘湘：「約完會之後，你們有後續互動嗎？」

湘湘說：「對方後來變得有點冷淡，聊不太起來，所以大概懂對方意思了。」

「湘湘，妳覺得你們的 Dating 如何？」

「我覺得好像沒什麼互動，常常聊沒兩句，就沒什麼好聊的，就結束了。」

聽她說著前幾次的約會經驗，發現其實她對約會對象並沒有好奇心，她對愛情的理解，是兩個條件相似的人，願意為家庭付出，然後下一步就是結婚，愛情關係比較像是相親完然後結婚，這樣的觀念如果全然是自己的價值觀也很好，但繼續聽著湘湘的故事，發現她的愛情價值觀其實傳承自母親。

於是，我問湘湘：「湘湘，妳和妳母親的關係如何？」

她說：「其實我一直覺得沒辦法和母親太親近，因為太親近會讓我有種壓迫感，但看她那麼不快樂，又覺得有責任要多關心她，而且心裡的某個我，渴望得到她更多的愛與肯定。」

「母親是位很傳統的女性，為家操心大小事，這輩子活得很辛苦，過得也不快樂，所以不自覺會順從她的話，母親常掛在嘴邊的一句話就是：『以後一定要找條件好的對象結婚，不要像媽媽活得這麼辛苦。』」

「從小是照著母親期待長大的，如果反抗或不如預期，她就會失望、不高興，母親這麼辛苦，反抗她會讓我有罪惡感，所以習慣當個聽話的好孩子。進入醫學院也是為了滿足家人期望，坦白說我喜歡的科系根本不是醫學系。」

湘湘接著告訴我，其實並不是很喜歡看起來完美的自己，因為這個追求完美的她，只是為了符合母親的期望，從小母親就希望她成為一個完美女孩，所以對她管教嚴格，成績若沒達到要求，母親會一、兩天不跟她說話，以冷暴力方式對待，成績好、上醫學院都是理所當然，在別人眼中優秀的成果，母親從沒正面誇獎過，有時她會疑惑，母親真的愛我嗎？

會談一開始，是湘湘困擾不知怎麼和男人戀愛約會，但隨著愈談愈深入，發現讓湘湘感到糾結、困擾的其實是她與母親之間的情感糾結關係。我默默陪著湘湘梳理她與母親的關係，然後對湘湘說：「妳們之間的關係，要回溯到上一代，像是母親當時的社會背景，因為這涵蓋了外婆的教育方式，外婆又是如何被對待，代代相傳，一時間要去理解妳母親並不是件容易的事，尤其妳有妳的需要，我感覺有時妳會很難理解，母親為何要用否定的方式，不斷要求妳要很優秀，這樣的行為其實會讓妳喘不過氣來。」

湘湘聽了以後，眼眶紅了起來。

陪伴湘湘哀悼從小不被母親肯定的自己，安撫她這些失落的感受，讓她安心釋放情緒。

「妳就放心好好哭一哭吧。」我對她說。

當自己的感受有好好被理解與被照顧到，湘湘也開始願意理解母親，理解母親可能是被重男輕女的外婆看不起，所以才會對她期望特別高，一直以來並不是自己做不好，而是母親因為害怕生女兒會被看不起的焦慮，才會過度要求湘湘。

現在的湘湘，在理解了母親之後，開始放下那個凡事都要求完美的自己，也開始可以鬆口氣，去追尋自己想要的人生了。

Note

若因與母親的關係而受傷的妳，可以採取下列的練習：

一、承認自己受傷了，理解母親也不完美：理解自己受傷了，並自己安撫這個失落的感受，理解母親也是人，有極限、不完美，沒人傾聽母親們當時受的傷，於是他們不懂如何當個溫柔回應孩子情感的母親。

二、需要與母親有心靈上的界線：有時候母親的控制來自於補償心理或是過度的焦慮，把她過去未能滿足的期待放在你身上時，你需要學習畫出界線，可採用立場聲明與安撫的方式，去表達你的期待，例如：

「我可能也有自己的情緒，我理解妳也有，但是目前的我不願意……」

「我知道妳很關心我，但每天都接到妳關心的電話，會讓我感受不好，可以請妳……」

三、看見自己從母親身上學習的智慧：每個母親與女兒的個性、行為都有相似的地方，即使妳再怎麼不想像媽媽，但每位母親都會以身教不自覺教導女兒一些生存方式，問問自己從母親學到了哪些智慧並心存感謝。

四、等你準備好，再與母親關係和解：當你想原諒母親對你的傷害時再原諒吧，等自己的傷口撫平後，才能真正理解母親進而和解，如果不想和解也沒關係，但別因為對母親的憤怒，而認為自己這輩子不值得追求幸福。

如果有時光機，就不會失魂、失根又失所了

Candy是個甜美的女孩，笑容總是甜甜的，喜歡用閃閃發光的飾品、甜食療癒自己，不過最近她面臨離婚，不只沒力氣打扮，狀態更像是失魂、失根又失所。

失去一段婚姻，搬離熟悉的家，原本的家已經不是家。真希望有台時光機可以搭乘，讓我回到過去，或許這樣我就不會有失去一切，人生跌到谷底的感覺。

我想，每個人都想過這件事吧，如果有台時光機，重新做一次決定，或許我們就能有和現在完全不同的命運。

「如果可以這麼做，或許我就不會是現在這樣了……」Candy就是這個說著很多次後悔，很想搭時光機回到過去的38歲女子。

「我離婚了，帶著四歲的女兒搬離住處，恢復單身。發現他外面有女人，已經

不是第一次了……如果可以搭乘時光機回到過去，沒有和他結婚，我的人生會不會有什麼不同？」Candy 無奈地說。

「妳繼續說，我們還有時間。」她看著時間，怕講不完她的故事，感覺她有說不完的悲傷、憤怒和後悔。

Candy 接著說：「我每次感到憤怒、後悔時，就會享用美食來療癒受傷的心靈，雖然一年胖了十公斤有點困擾，但美食真的會讓人感到幸福。不過，還是有點太放縱自己了，妳看，捏了捏大腿，吃太多美食的下場。」

聽到這裡，腦子跳出「耶魯食物成癮量表」(Yale Food Addition Scale)：

- 少吃或不吃某些食物時，會有躁動、焦慮，或其他生理症狀等戒斷症狀。
- 會攝取某些食物避免自己有焦躁不安感。
- 會固定攝取某些食物，例如：含糖飲料、甜食、義大利麵、洋芋片等。
- 在吃某些食物時，就算飽了還是會繼續吃。
- 常因吃太多而感覺遲鈍或疲勞。
- 有時因太常吃某些食物或吃太多，要處理因過量飲食帶來的負面情緒（例如：罪惡感、憂鬱）而影響到人際關係。

根據以上量表來評估，Candy 應該屬於情緒性進食（emotional eating），也就是有負面情緒或感到壓力時，會過度進食導致肥胖。確定沒有成癮問題，心裡替 Candy 鬆了口氣。

感覺 Candy 似乎不知道怎麼回應自己的負面情緒，於是先了解一下她的生活狀況，我問：「妳喜歡下廚嗎？」Candy 說：「當然，我是 Foodie ！（美食追隨者），以前很愛下廚，留學時三餐都自己做，因此練就一身好廚藝。」

「唉……本來沒有一定要結婚的，當時就覺得他有點花心。下意識覺得不該選他，但剛好是適婚年齡，也覺得很心動，就這樣結了。」Candy 說。

可以想像她原本應該是個開朗、大方的甜姐兒，很少後悔自己的選擇，走到離婚這步，本來也覺得就算了，但收到前夫的訊息後，她感到很後悔。訊息中前夫完全沒為出軌的事道歉，甚至反過來責備她剝奪了他的自由，並明白表示不要小孩監護權。前夫的話讓 Candy 很受傷，她心想，十年的婚姻生活，到底算什麼？

當我們專注在後悔的情緒容易讓思考僵化，因深感無力挽回，於是腦海裡反複出現「如果……可以……就好了」，會產生這種想法，是因自責當初那個做選擇的自己。當我們受傷時，習慣掩飾內心深處的悲傷，藉由很多方式來逃避，像是情緒性進食、購物、運動成癮、展開社交圈、過度投入工作等等，佛洛伊德曾說：「人是趨樂避苦的動物」，因此要探索的是行為背後的真實情緒，傷痛背後究竟隱藏著什麼呢？而由於 Candy 習慣用美食來安撫，逃避、壓抑內心真正的感受，所以幾次會談下來，目標就是協助她傾聽隱藏在背後的自責。

Candy 內心深處，其實對自己很生氣，也對孩子感到愧疚，氣自己怎麼會和這樣的人結婚，更對孩子感到抱歉，怎麼替她選了一個這樣的爸爸。

「這些都是妳真實的情緒，不要逃避，試著好好感受，並接納這些情緒是現在的妳的一部份。」我對她說。

當 Candy 不再抗拒這些情緒時，慢慢地開始產生變化。她發現傾聽、接納自己的聲音很重要，本來很後悔自己的選擇，但因為有人可以互相討論，並傾聽這些沒辦法對生活周遭的人說出的抱怨，感覺好過一點了，還真是神奇！其實會有這種轉變，是因為我創造了一個安心的空間，讓 Candy 可以在這個空間裡接納自己所有的情緒，當她慢慢消化這些情緒後，自然而然會產生療癒自我的力量。

想起第一次會談時她說的話，我問她：「妳還會想坐時光機回到過去，改變那個決定嗎？」

她瀟灑地說：「我覺得不需要了，如果改變過去，我就沒有現在這個可愛的寶貝女兒了。回到過去，也許還是會做相同的選擇，若沒有選擇他，當下可能會後悔錯過。我希望後悔的情緒具有正面意義，因為後悔讓我有所成長，明白未來做選擇時不要衝動。失去，也是人生的一部份，接下來我會好好展開新的生活。」

後來 Candy 跟我分享她買的那些閃亮的耳環、戒指，對她而言那是迎接閃亮新人生的象徵。這也是時尚心理學的概念，戴上喜愛的配件，可以對人的心理產生一種安心的力量。看著她重新出發，感覺她已經開始準備迎接新生活。

Note

當愛情的結局不如意，不知道如何與失魂落魄的自己共處時，很有可能陷入懊悔的情緒而自問：「我為何會選擇那個人呢？」

現實生活裡，我們沒有電影《王牌冤家》裡的忘情診所，可以消除與任何人的愛情回憶。不過我們可以學習接納自己所有的情緒，允許這些情緒就是自己的一部份，如果感到後悔、沮喪、難過、傷心，可以告訴自己在這些情緒的背後，可能是對自己生氣，你可以對自己說：「我看見這個對自己生氣的情緒了，但我接納現在的自己」，如果你討厭自己，可以對自己說：「不管是破碎的自己、黑暗的自己，還是無力的自己，我都接納你們是我的一部份。」

接納自己所有情緒、人格的所有面向，也是好好愛自己的成熟方式。

我遇上恐怖情人

「已經不快樂一年多了，不知道怎麼說分手」妞妞說。

妞妞的同居男友控制欲很強，她的交友狀況、行蹤都要報備，否則男友的暴躁脾氣就像個不定時炸彈，可能隨時爆炸。

妞妞個性靜靜地，只喜歡把日子過得簡單，人生沒什麼挫折，所以遇到同居男友這種複雜的情形，她感到很無力，也不知道怎麼處理。

一年多前被男友的追求感動，當時滿心動的，所以就這樣自然而然在一起，沒想到三、四個月後，男友開始露出他脾氣暴躁且易怒的樣子。

有一次，妞妞發現男友一臉不悅地查看她的手機，一臉質疑地對她說：「這個男的是誰，我怎麼沒有聽妳說過？」

妞妞當下其實很生氣，但不想起衝突，而且也顧慮到男友心情，所以安撫他說：「那是工作上的同事，只是在講公事而已。」

剛開始，妞妞沒有多想，因為好友們偶爾也會查看男友手機，她覺得這可能只是情侶間正常表達在乎的方式。但是隨著時間愈久，男友吃醋、嫉妒頻率愈來愈高，就連在尾牙和男同事合照被男友看到，都會被男友不斷指責。

有一次實在受不了了，跟男友頂嘴，沒想到他整個臉變得扭曲，直接對她動手，把她胸部都捏瘀青了，遇上這種男人妞妞覺得很丟臉，所以沒有對任何人說。

我擔心妞妞可能不只受到這些傷害，於是關心地詢問她：「他還有做出什麼傷害妳的行為嗎？」

妞妞說有一次生理期來很不舒服，結果男友根本不管我的感受，拒絕他時，男友就很不高興地說：「好啦，妳是不是有喜歡的對象了，才這樣對我。」聽到這些話，妞妞又忽略自己的感受，勉為其難配合他。

「這根本就是精神折磨，我的世界只能繞著他轉，我真的很討厭無力又無奈的自己。」妞妞邊哭邊說。

然而擅長忍耐退讓的妞妞，終於再也忍不下去，當她對男友說出想分開一段時間，男友立刻暴怒，開始謾罵妞妞是個不要臉的女人，結果沒過兩天，又跪下來求妞妞不要離開他，因為他真的很愛她。看見男友跪下來求著不要分手，妞妞又心軟了，雖然對男友只剩下同情而非愛情。

結果不到一個月，男友又因為小事暴怒，妞妞不想再安撫他的情緒，只想趕快分手，結果他卻說：「我遺棄、傷害了他，然後拿了一把銳利的水果刀試圖傷害自己，還說妳這樣對我，信不信我死給你看，到時我死了全是妳造成的。」

「我不會離開妳的！」男友很堅定地說，可以想像妞妞聽到這句話有多痛苦與害怕。

很多人一定認為，應該趕快和這種男人分手，但對當事人來說，其中還有很多複雜的心情要處理，尤其在親密關係裡長期被對方用語言貶低，會讓人對自己失去信心，不自覺產生一種不要惹怒對方，否則會後果不堪設想的鴕鳥心態，於是這段關係就這樣拖著，一年、兩年、五年、十年、甚至可能勉為其難地走入婚姻。

恐怖情人通常很擅長用「煤氣燈效應」心理學操縱法，這種方法來自《煤氣燈下》這部電影，劇情是一個漂亮、自信、有獨立思考的女性，在丈夫縝密的心理操縱下，變得懷疑現實、質疑自己，丈夫在家裡故意讓煤氣燈慢慢變暗，同時又假裝什麼都沒改變，目的是讓妻子懷疑自己，最後影響妻子的感知力、判斷力，讓妻子覺得自己瘋了，最後成功謀取妻子財產。後來心理學研究，將這種透過扭曲受害者眼中的真實，來操縱對方情感的手段，稱之為「煤氣燈式操縱法」。

個性單純的妞妞遇到恐怖情人，又經常受對方心理操縱，導致她會一直自我懷疑，是自己的問題嗎？是我不夠為男友著想嗎？是我對男友不好嗎？男友的心理操縱，讓她覺得內疚，也經常被當成反應過度的人，一般人會合理表達自己的需求及界線，妞妞卻覺得這樣做，好像造成對方麻煩，這些都是典型煤氣燈操縱下受害者的反應。

於是，陪著妞妞慢慢離開恐怖情人，除了傾聽她受到的傷害，還要陪伴她辨識自己的感受，讓她可以漸進式與恐怖情人分手。就這樣花了約三個月，妞妞終於和恐怖情人安全分手，並換到另一個城市生活。

Note

當你被愛情關係操縱時，請先記得這不是你的問題，也不是你的錯，因為恐怖情人大多都有過度自我中心的特質，會尋找順從性較高，或是看起來溫和好說話，單純的人做為伴侶。

會變成恐怖情人可能也是來自於他們曾受過的創傷，導致他們特別害怕被拋棄，可陪同對方找到信任的身心科醫師或心理師建立支持系統，再漸進式分手，溝通過程盡量溫和，可以對他說：「我不是把你當病人，但我覺得可以一起找個人談談，讓心情平靜一點。」

不建議用激烈的方式和他們劃清界線，例如：不要告訴對方你愛上別人，或是我已經不愛你了這種話，盡量不要刺激他們，因為恐怖情人具有情緒高衝動型人格特質，他們對於「被拒絕」、「被拋棄」相當敏感，最好採取慢慢淡掉的方式分手，像是先從不要在同一個空間相處（慢慢搬離）、漸進式忙碌於工作或家人，也同時讓恐怖情人知道你有強大的支援系統，和至少一、兩位信任的朋友提起你的狀況，或找一個信任的心理師，陪同你討論如何緩和地分手，不要獨自一人解決這個困擾。

CHAPTER

3

就算不是一百分，也值得被愛

原來信任自己，就可以得到月老的祝福

一個具有某種神秘氣質的34歲女子，職業是中醫師，也是月老忠實粉絲，手機行事曆上記載著許多月老廟行程，常與身旁的姐妹大談拜月老的豐富經驗，她承認自己很迷信，她相信人世間的一切都是緣份，有時只是緣份未到，她的朋友叫她「迷信女子」，我們暫且先稱呼她為迷小姐吧。

迷小姐喜歡走訪全台各個廟宇，和男友交往前，她會先帶著男友去廟裡，詢問神明是否允許他們交往，有時神明沒給出明確答案，她就會找民間習俗的師姐問事，問題大多是「我和男友的緣份如何，可以走到最後嗎？」、「這個人上輩子和我有什麼緣份？」

然而在許多算命師、塔羅牌老師間走過一圈，仍找不到答案，最終迷小姐來到我這裡，帶著疑惑繼續詢問我相同的人生問題。她說過去曾遇過不負責任的男人、媽寶男人，每一段的結果都不如人意，她將這些愛情上的不順利全都歸咎於命運。

她自問：「為什麼別人的愛情運比較好呢？」難道真如命理老師說的，她注定找不到幸福。

聽完她的敘述，問了心理工作助人者都會問的問題：「妳都已經走過一圈了，想了解一下，妳期待我如何協助妳呢？」

我明白，她已經因為種種不順的經驗感到失望，她是來找尋希望的。

迷小姐誠實地回答我：「我的戀愛運不好，但我不想要這種命運，所以想來妳這裡尋找一個方向，已經單身三年多了，我的真命天子到底在哪裡？」

我笑了笑說：「我不是月老，也沒有受過祈求戀愛好運這種心理訓練，不過我想聽妳說說過往的戀愛經驗，協助妳更了解自己一些，這樣好嗎？」

迷小姐接受我的提議，希望透過跟我的會談，能更了解自己。

「在過往的經驗裡，妳面臨要決定事情時，都是如何做決定的呢？是自己獨立做出選擇嗎？」

「妳知道嗎……從小到大，我的事大多是長輩和神明決定的，從來沒有自己決定過任何事，所以對自己的決定沒什麼自信，我曾想過要改變，但我好像就是很難去相信自己做出的決定。」

「妳對自己做決定這件事似乎不是很有自信，對嗎？」

迷小姐點點頭說：「我對自己真的沒有自信，做什麼都要問別人，有點依賴他人來做決定，加上又比較迷信，以前的男友都受不了我的迷信。」

愛情裡除了被選擇，也有選擇的權利，我問迷小姐：「如果妳可以選擇，妳想選擇什麼樣的男人？」

「我覺得真命天子應該要接納我原本的樣貌，接受迷信的我，因為很多台灣男生不喜歡太迷信的女人，我也希望未來的那個他要對感情認真、負責任，至於外在條件嘛，我喜歡外型稍微粗獷一點的，不過內在還是比較重要。」迷小姐曾多次跟月老祈求，所以早就想過這些，因此她回答得很迅速。

雖然迷小姐說出了自己想要的男性理想條件，不過還是可以從她到處尋求廟宇的行為顯示了她沒有自信替自己做決定。

「妳有發現自己好像對未來很不安，所以經常自我懷疑，對嗎？」

「是啊，很怕做錯決定，其實我也很不喜歡自己這點，什麼都要問別人，閨蜜都快被我問煩了。」

我問迷小姐：「妳有想要改變嗎？」

「滿想的耶，我真的很想改變這種自我懷疑的習慣。」迷小姐堅定地告訴我。

迷小姐想改變的意願很高，面對真心想改變的人，其實透過努力與練習，就能有一些不同。

我們的一些行為，其實和一些情緒與想法密切相關，因此先讓迷小姐學習自我觀察，意識到自我情緒、想法與行為的關係。所以我請她去買一本日記本，並在日記本裡記錄平常會出現的情緒，寫下面對這個情緒時的想法。

隔了一週的會談，迷小姐拿出一本紅色日記本，她將一些平常會出現的情緒都記錄在這本自我觀察日記裡，裡面寫了許多自我懷疑的焦慮情緒，比方像是「我不夠好，沒有男生會真的喜歡我吧，如果不去找月老，這輩子可能會這樣一直空窗下去了。」

會談中，著重討論她這種「我不夠好，沒有男生會真的喜歡我」而引起自我焦慮的感受，我問她假設焦慮1到100分，這時大概有幾分呢？

迷小姐說：「大概80分吧。」

我陪她思考如何讓焦慮降低一點點。

迷小姐思考了一下說：「或許是我一直給自己太大壓力了，仔細想想我好像也沒有不好。」

當她這樣想的時候，我問：「當妳有這種想法時，焦慮的情緒是幾分呢？」

迷小姐說：「哇——焦慮好像只剩下30分，大腦真神奇。」

於是我們持續不斷練習這樣的對話，每次讓她自己思考與情緒的關係。

經過兩個月的練習，她慢慢能覺察，自己會因某些想法而引起焦慮，加上她原本改變的動機很高，所以很快在行為上開始有小變化，最明顯的就是不再把錢花在命理上尋找希望，也不再去打擾月老了。

現在，迷小姐不再因感情空窗焦慮不安，行為觀察日記也開始豐富起來，現在她把時間拿來花在自己身上，提昇自信，認識新朋友，生活變得充實，她很滿足現在的生活。

過了一段時間，迷小姐對我說：「之前和朋友去台南玩，因為台南以美食、月老聞名，所以和好友順道去了當地的大天后宮拜一下月老，後來在我口袋裡的紅線竟然不見了。」

我好奇地問：「嗯？紅線不見了代表什麼嗎？」

「妳不知道嗎？據說拜完月老，把月老同意的紅線放在口袋，如果紅線不見了，表示月老幫妳辦急件。」

「剛求完，紅線就不見了，我著急地在月老廟附近一直找，還請朋友幫忙，有個男生看到我在找東西……然後，我就在那裡找到他了。」

沒錯，他們在月老廟相遇，迷小姐的愛情來了。

Note

有位深具影響力的心理學家卡爾．羅傑斯（Carl Rogers）曾提到「當我能接受自己現在的樣子，我就能改變自己。」

如果現在的你很想改變，那麼一定可以透過心理學練習方法，慢慢變成你想要的樣子，希望你能重新學習信任自己，並相信自己值得有一段適合自己的關係。在追尋愛情的旅程上如果出現焦慮不安、覺得自己不夠好的心情，可以準備一本日記本，觀察自己經常有的想法、情緒，先接受自己全部的情緒，接下來問問自己：若以另一個新的角度來看待這個困擾的事件，有沒有可能有別的想法呢？

就像一個美景，每位攝影師取的角度不同，而你看待事情的角度若愈彈性、愈廣，你的多元視野會讓你的人生故事更美好精采。

最後，在愛情的路上祝你心誠則靈。

我對你這麼好，為何你要這樣對我

從小我就對《小美人魚》的結局百思不解，為何小美人魚選擇失去聲音變成泡沫，小美人魚好像消失在這個世界，也沒有交代王子是否還記得小美人魚，而這個犧牲自己的經典愛情童話故事，讓我想到了花花。

花花，28歲，是個浪漫的女子，很愛粉紅色、對愛情有點天真、浪漫，喜歡聽甜言蜜語，總是吸引不愛她的人，她的朋友常說她是遇上渣男的命，這次她覺得自己沒臉再跟閨蜜抱怨了。

「朋友們都受不了我愛情裡的那些慘烈事蹟，再抱怨下去，我就要沒朋友了。」花花這樣告訴我。

愛情關係會有一個既定模式，如果沒有特別思考，很容易會讓類似的劇本不斷上演。在花花的愛情劇本裡，她遇不到會珍惜她的人，永遠只有傷心難過，這次她又在愛情裡跌了一跤，感覺已經爬不起來了，哭著來找我，淚流滿面地說：「虧我對他這麼好，為什麼他要這樣對我！」

「說說看，這次對方如何對待妳呢？」

花花說：「我覺得他很不負責任，都已經發生過好幾次關係，他卻一直不願意公開承認我們的關係，我對他真的很好，像是經常買東西給他讓他開心、上週還買了最新的手機送他當生日禮物、自動把他不想承認我們關係的行為合理化。」

「嗯，怎麼說呢？」

「他跟父母的關係好像不太好，從小沒有感受過家人溫暖，所以我大概能理解他為何無法認真對待一段感情。」

從花花的敘述聽起來，感覺她對這個男人很有同理心，不過我發現她沒有劃出一條保護自己的線，導致這位不願公開的男友一直不斷地傷害她。

我對花花說：「聽起來他很不重視妳的感覺。」

這位男友只有在工作受挫時會來找花花取暖，平時很少和她分享日常生活，想發生性愛或心情低落時，才會想到她。

花花因為他患得患失，睡也睡不好，每天等他的訊息，一有回應就很開心，沒回應，一整天就感覺很失落。「我知道他是在利用我，但我很沒有自尊，只要他有回覆訊息，我就很開心了。」花花無奈地說。

「直到幾周前看到他在社群帳號上，公開交往對象，一開始我承認那個女生比我漂亮，可能我不夠漂亮吧，不夠漂亮到讓他公開，但仔細想想又覺得，他怎麼可以這麼過份，明知道我愛他，還一直說因為童年陰影，沒辦法談戀愛，根本只是利用我的感情。」

花花的愛情劇本大概是這樣的，在還沒完全了解對方前，總是習慣討好對方，由於花花一直有自我價值感低落的問題，因此在討好過程中，即使心裡感覺不舒服，也會讓對方不斷超線再超線，最後對方學習到眼前這位女人好像被怎麼對待都可以，我可以不用太重視她的感覺。

我對花花說：「我好像看到犧牲版的《小美人魚》，但妳想改寫自己的愛情劇本嗎？」

「當然想，我不想當悲劇女主角，變成泡沫真的很慘。」花花這樣告訴我。

「不過要怎麼改寫愛情劇本？」花花問我。

「我發現在愛情關係裡，妳習慣用自我犧牲的方式與對方互動，妳有發現嗎？」

花花說：「有啊，大概是覺得自己不夠好吧，有過幾次被異性拒絕的經驗，就覺得是自己不夠漂亮、也不是很聰明，其實我很沒自信。」

一位運動心理學家 Dr. Ivan Joseph（伊萬約瑟）在 Ted Talk 一個有二千萬點閱率的主題「如何提升自信的三個原則」裡提到，提升自信的三個原則分別是：

一、學習與挫折共處，因為每一個挫折都會是未來成長的經驗。

二、複習自己成功的事蹟，列出自己人生重大的成就。

三、把自己放在自己做對的地方，而非做錯的事。

花花從小就覺得和同儕相比，自己不夠漂亮，因此一直對自己很沒自信，長大後的愛情悲劇經驗，更讓她將悲劇主因都歸究於：我不夠漂亮、不夠聰明，卻低估了自身的魅力和內涵。

花花在愛情裡經常跌倒，她認為最大的原因是自己不夠好，比別人沒有魅力、沒有別人漂亮，也沒有別人聰明，愈比較心裡愈難受，所以我請花花列一張自己做過哪些很棒的事的清單，藉此從中練習欣賞自己。

剛開始花花有些不好意思，後來好不容易列了五項，我溫柔地對她說：「妳可能有些不好意思，不過我想聽妳說說妳自我欣賞的過程。」

她簡單地敘述了一下，清單裡她自己覺得做得還不錯的事。

我對她說：「很棒，聽妳說這些清單上的事情時，妳也露出很有自信的笑容。」

除了自信訓練，也請花花思考一下在愛情中會出現哪些自動化模式，接下來，我詢問花花：「妳有觀察到與異性相處時，妳有哪些慣性行為，可能是造成他們不珍惜妳的原因嗎？」

「嗯嗯——我在還沒完全了解對方，也還沒確定彼此關係時，就毫無保留付出。」花花這樣告訴我。

我對花花說：「我認識的妳很善良、很容易相信別人，不過還沒了解對方就完全付出，甚至忽略自己的感受，就像妳不想成為的那個悲劇的小美人魚一樣。」

花花似乎能看見自己跌倒的原因了，她說：「我讓對方覺得我很好欺負，所以也不重視我的感受，難怪我會成為悲劇的小美人魚，以後應該要調整。」

陪著花花討論出適合自我警惕的方式，下次和異性交往前，先想起在心理會談中的這些經驗，懂得欣賞自己，也記得在了解異性的過程裡，保持客觀距離，時時提醒自己「我值得好好被愛，接納現在的自己」。

當內在狀態慢慢變好後，外在就會慢慢不同。我很喜歡時尚心理學，因為這包括探索人與服裝間的關係，每個人都會有想要獨特的心理慾望，而服裝正是一種很好的自我表達，選擇服裝的過程就像一場藝術治療，可從我們選擇的衣服的顏色、風格、布料、設計款式去了解並表達自己。

和花花討論她想藉由哪些衣服表達自己提升自信，從「妳想成為什麼樣的女人」而選擇哪種服裝，去討論與理想中和自我的差距、欣賞自己身體哪部份、表達自己的個性。

記得最後一次她穿了一套蕾絲黑色長洋裝，和以往穿著不太相同，我好奇地詢問花花，她說：「黑色感覺帶來力量，也蠻適合我的風格的。」的確，黑色代表自信、品味，花花的內在狀態反映在服裝上了。她分享現在經常穿上喜歡的服裝，習慣在鏡子前微笑，對自己說：「我值得好好被愛，接納現在的自己。」

我相信未來她的愛情劇本已經改寫了。

Note

若你在愛情裡容易用討好的方式向對方表達好感時，要覺察到自己是否是因為覺得自己不夠好才會這樣做，過度討好的行為容易讓你成為愛情悲劇女主角。當你覺得不夠好時，試著寫一張「自己很棒的清單」，在清單上列出所有你覺得做過很棒的事，遇到挫折時拿出來看一下，替自己做自信訓練。

穩定內在以後，你就可進一步學習探索衣服與你的關係，去探索自己喜歡的衣著風格、飾品、圖案、顏色帶給心理上的感受，把穿著當做一種自我表達及療癒自己的方式。

美國時尚心理學家 Dawnn Karen 也提過服裝與心理療癒的關係，她說當你覺得心碎時就穿綠色吧，因為綠色帶來療癒力，也是能量中心心輪的位置及顏色。偶爾讓衣服幫你自我療癒吧，這也是一種愛自己的方式，今天的你，想要穿什麼樣的服裝來療癒自己呢？

走進黑暗森林：當第三者

姍姍，不自覺當了愛情的第三者，連她自己都很意外。「已經十年了，好痛苦，謝謝妳讓我可以說出來，心理壓力真的很大。」她特別澄清自己不是主動搶奪他人愛情的人，真是一步錯步步錯，明知道不對但就是沒勇氣離開對方。

姍姍說：「我自己也很意外這段不倫關係可以維持這麼久，一直想分手，因為他不可能離開他太太，而我也覺得對他的小孩不公平，不想成為一個壞人。」說完姍姍流下委屈的眼淚。

我問姍姍：「一開始就知道她有太太嗎？」

對方是她的同事，有點像是日久生情，一開始就知道他有太太了，不過我沒有主動接近他。記得有幾次他單獨私下約我，沒想太多就答應和他出去，沒想到事情演變成這樣，一拖就快十年，這種痛苦、煎熬好像成了生活的一部份。

「即使知道感情拖著對自己不好，但每次提起勇氣說分手，說好不要再見面，結果又因為在一起太久，沒辦法割捨這段感情。」說到這裡姍姍又開始流眼淚。

對方最常說的話就是：「我真的很對不起妳，但我真的很愛妳，捨不得和妳分開。」就是因為這些「愛妳、在乎妳」，讓姍姍總是很快又回到他的懷抱，即使是短暫的懷抱，她似乎也心甘情願。但姍姍無法和身邊任何一個人提起這段戀情，即便現在大家見慣媒體充斥第三者、劈腿主題，但第三者依舊是一個人人喊打的角色。「不知道可以跟誰說我的痛苦。」姍姍無奈地說。

三角關係會形成是因為原本的兩人關係出現不滿足或衝突，必須藉由第三個人，也就是第三者的角色來平衡。通常這個關係要維持平衡，一定會涉及說謊、欺騙，當第三者是很苦，明知道對方欺騙自己，但自己也跟著對方欺騙自己。

我好奇地問她：「對方是一個什麼樣的男性呢？」

姍姍說：「對方是個很有自信的人，懂很多，生活也很有情趣，工作時不吝於指導，從對方身上學到很多。」

「那麼妳覺得自己是什麼樣的人呢？」

「我覺得自己是一個很無聊的人，而且我並不是很了解自己。」姍姍說。

接著姍姍問我：「常在電視上看到很多人都說，要好好愛自己、疼惜自己，那個到底是什麼？」

「分享一下我的觀點，我認為愛自己、疼惜自己，是能夠誠實理解自己的底線和需要，我看妳總是不重視自己的感受，應該也不快樂吧。」

姍姍說：「沒錯，我不懂得好好愛自己，而且我覺得他愈來愈自私了。」姍姍露出不太高興的表情。

「妳很氣他嗎？」

「是啊，覺得他只替自己想，也對他很失望，但我知道是自己選的。對方老實告訴我，為了孩子不可能離婚，如果要繼續，只能當第三者。」

心理學有一種理論叫做社會交換理論，這個理論提到，每個人在形成關係時會不自覺去平衡酬賞及損失，當損失愈來愈高時，就會無法滿意這段關係，自然也不會感到幸福快樂。很明顯姍姍覺得損失愈來愈高，客觀一點來看，當第三者背負的心理壓力大，要忍受很多焦慮不安，也會讓自己的自尊心愈來愈低。

「姍姍，這段關係聽起來妳一直在消耗自己，妳的損失愈來愈多，對這段感情也不滿意，而且妳也累壞了。」我對她說。

「對啊，十年也夠了，累到我都懷疑人生，在這段關係裡我真的太痛苦了。」

「妳會因為這段關係太痛苦，而想要做出什麼決定嗎？」

姍姍說：「我覺得現在的我，還沒辦法提分手，但希望透過會談多了解自己一點，我回想了一下，可能是因為某一段被劈腿的愛情，所以讓我不相信男性。」

「要說說看這段關係嗎？」

「全心全意對男友付出，還以為對方是人生伴侶，沒想到有一天竟然看到他和另外一個女人泡溫泉的照片，我不知道怎麼面對這樣的背叛。」說到這裡，姍姍哭了起來，接著說：「我對他很好，也很珍惜他呀，完全不知道自己做錯了什麼。」

「嗯嗯——妳覺得這段受傷的經驗，有影響到妳後續的愛情嗎？」

「有啊，我變得不太信任愛情，當第三者好像是種消極面對愛情的方式，覺得男人就是這樣。」

「姍姍，我看見妳反而因為這樣又再度讓自己受傷了。」

「太無奈了，最終還是要面臨相同的感情問題，不過現在滿確定要朝向分手的路前進，只是還沒做好準備，立刻結束這段關係。」姍姍這樣說。

我跟姍姍說：「嗯嗯——做為第三者讓妳走入人生黑暗期，像走入一個黑暗的森林十年之久，妳迷失方向，卻也適應了黑暗森林，但最重要的是在森林裡要提著燈前進，帶著分辨的雙眼去傾聽自己的內心，這是妳想待的地方嗎？我會陪伴妳走這個歷程，如果妳決定走出去，那就走出去，如果想待在森林裡也沒關係。」

姍姍，是有選擇的。

過了一年，她主動提出分手，對方哭著對姍姍說：「我很抱歉，誤了妳十年人生」姍姍對他說：「沒關係，我也有責任。」最後他們給彼此一個擁抱，互相說再見，也說好別再聯繫了。

Note

若你成為第三者，那麼想對你說聲：「真的辛苦了，因為這是一種讓人不安的愛情」。在這段關係裡，隨著時間愈久你可能開始對自己產生自我懷疑，所以邀請你思考自己在這段關係中的一些問題，誠實理解自己的底線及需求，也是愛自己的方式。

- 你覺得自己有資格得到幸福嗎？
- 是因為不相信愛情，才會選擇第三者嗎？
- 當第三者，這真的是你想要的愛情嗎？
- 選擇這個身份有哪些好處呢？
- 是否看見自己委屈、孤單、寂寞的心情？

最後想給帶著辛苦、孤單、委屈的你一個大大的擁抱。

擁有愛的勇氣的貓小姐

經典的貓派，手上刺了2隻貓咪圖案，自稱自己是一輩子的貓奴，就稱她貓小姐吧，貓小姐對我說：「養貓有時比愛情容易多了。」

貓小姐，32歲，是位瑜珈老師，正當我看著她分享她手機上兩隻可愛的暹羅貓照片時，她開始說起她的故事。

最近，我試著用工作上的忙碌來逃避我的情緒，本來以為很幸運遇上一個條件很好，對我真心的男性，我32歲，他也32歲，剛好都是適婚年齡，所以交往時對彼此都很認真。不過我們的家庭背景有點懸殊，他的父母都是大學教授、家境富裕，男友唸的也是美國知名學校，我卻是與母親相依為命的單親家庭。

這段美好的關係，本來準備好進入下一個階段，但男友卻一直沒告訴貓小姐，他的父母很重視對方的學歷、家庭。所以當她男友的家人，經由身家調查知道她是單親，家裡背房貸，而且還有遺傳性糖尿病史時，直接對男友說，和對方談談戀愛可以，但不是理想結婚對象。

也就是還沒見面，就先拒絕了貓小姐。貓小姐對於不被男友家人接納，感到很傷心，她忍不住自我懷疑，我有這麼差嗎？

不過儘管傷心，貓小姐也說：「好像可以理解男友父母的心情，畢竟把他教養成一個這麼優秀的人，當然希望他找一個更好的結婚對象。」

我問貓小姐：「現在，男友對這件事情的態度如何？」

男友因為長期承受父母壓力變得很不快樂，態度也開始轉變，從一開始想一起證明給父母看，我們可以過得很幸福，一直到最近，男友覺得這段感情已經沒有未來，或許應該分手。面對男友轉變的態度，貓小姐沒有生氣「或許就是要面對這個事實吧。」她說。

貓小姐話中裡帶著遺憾，但對方家人的強力反對令她感到無力，因為男友是獨子，所以他的父母認為，他交往的對象要是個身體健康、家庭健全的人，父母的態度讓男友很痛苦，而貓小姐不想要看著男友痛苦。

在我的臨床經驗裡，不被父母祝福的愛情，貓小姐不是第一個，很多父母認為自己的孩子值得更好、條件更適合的伴侶，這都是因為父母擔心子女未來受苦，背後那份想要保護孩子的心意。

有人明白父母的苦心，但依然努力溝通，期待父母尊重自己的選擇，這樣自己才會快樂，也就是將自己的情緒獨立於原生家庭；而還沒有真正獨立於原生家庭的人，會很難釐清這樣的情緒，最後因為不被父母祝福的心理壓力，選擇放棄戀情。然而要獨立於父母的情緒並不簡單，尤其沒有順從父母，可能會有種自覺不孝的心理壓力，成為子女焦慮的來源。

貓小姐認為沒有人可以選擇自己的家庭背景，或許她不是很多長輩心目中那種條件很好的女生，但是她很努力生活，很踏實地工作，和母親的感情也很好，當男友說出「沒有未來時」，她就明白他們的戀情需要劃上句號。

我問她想來找我的原因，除了傾聽，有什麼能幫助她的嗎？

她說因為不喜歡帶給別人困擾，想在這裡把傷心都說出來，好好哭一場，平時很壓抑，雖然很難過最終還是分手了，但她不後悔有過這段感情，因為她已經盡力好好去愛了，也一直很珍惜這段感情。

好可惜，還是沒辦法在一起，貓小姐說：「真的覺得談場戀愛變數很多，不是一件容易的事，和貓咪培養感情容易多了。」

貓小姐對愛情真的很有勇氣，很珍惜也在每個當下好好去愛，同時也能接受自己的不完美，我把我看見的她，回饋給貓小姐。

貓小姐說：「謝謝妳，本來因為被對方家人嫌棄，變得有點沒自信。我一直活得很踏實，即使自己不完美，也沒有別人口中的完美家庭，但因為這樣這個世界才有趣吧，全部都很完美也很奇怪吧。身為瑜珈老師，每次課程結尾時都會帶學生說Namaskar，意思代表向心中的神性致敬，向自己的良知致敬並感謝生命的陪伴，我心底很感謝前男友曾出現在我生命。」

在我眼中，貓小姐既可愛又有智慧，心想著貓小姐心理素質真好啊。

「是啊，正因為不完美的我們也努力活著，所以也活得很精彩。」這也是知名心理學家阿德勒提到，人生要有活著接受不完美的勇氣，即使我們不完美，還是值得被愛並找到幸福。

我想，可以預期貓小姐的前男友，未來可能會有深深的遺憾，因為他無法與父母溝通，最終因受不了父母施加的壓力，選擇主動放棄愛情，而非符合自己心意的選擇。再來是因為遇上真摯的感情並不容易，尤其這麼可愛又有智慧的貓小姐更是罕見。

每一段愛情都會有經歷困難的時候，然而令人動容的往往是戀人願意彼此提起勇氣去一起面對困難，而不放棄愛情。

Note

如果你也遇到一段不被父母支持的戀情，請先理解自己的父母或對方的父母想保護孩子的心情，不要急著採取激烈的方式去表達情緒。

如果能學習用成熟的方式同理父母擔心的心情，並與父母溝通，表示能為自己的選擇負起責任，會與伴侶共同朝向幸福方向經營，這會讓父母可以慢慢信任你的決定，我的臨床經驗看過很多能成熟處理不被父母支持的愛情難題，成功的例子其實相當多，因為愛孩子的父母最終都希望自己的孩子快樂。

所以，重要的問題是「你們雙方能信任自己的愛情選擇，並能承擔其選擇結果嗎？」

即使不完美，也能遇到真愛

在臨床心理工作經驗，偶爾會遇到因疾病而看見真摯的夫妻之情，讓人有種原來這就是所謂的真愛啊。這樣的愛是互相理解與陪伴，即使面對痛苦的遭遇，也懂得一同苦中作樂。

秀麗，今年40歲，自認並不美，開玩笑地說：「我媽就把我生的不怎麼好看，一張經典圓圓胖胖的臉」學歷不高、家庭也很平凡，遇上很愛她的先生，是她這輩子最感恩的事；而她先生覺得自己身高不高，學歷還好，家境小康，很感謝太太選了他，他說：「與秀麗結婚是他這輩子做過最正確的事。」

不過這對相愛的夫妻，老天爺卻給了他們一個大難題，秀麗的先生因身體不適回診檢查，意外發現癌症，疾病進展快速，被告知餘命只剩半年左右，這對他們打擊很大，六個月，大約是一百八十天，治療癌症主治醫師滿有同理心的，特別請我幫他們做夫妻會談，給予專業的心理支持。我知道我能做的，就是陪伴他們走過並接納這個醫療現實的過程，在有限的時間讓他們夫妻可以彼此說說話，或許說出平日沒說出口的感受也好。

其實他們感情很好，彼此也很珍惜對方，我看過很多夫妻走到最後已經沒有愛情，而他們彼此還保持熱戀，看見他們總說冷笑話逗彼此開心，也能彼此真誠自在說出任何感受。

有一次，秀麗分享她挑選男人的智慧，秀麗不斷強調，找男人千萬不要挑只出一張嘴的，一定要找會做事情的，不然會累死。

我笑著對秀麗說：「原來這是秀麗的智慧啊……」

繼續傾聽他們的愛情故事，聽起來他們真的很能回應彼此的情感，秀麗的先生知道秀麗照顧他很辛苦，很感謝秀麗，常對秀麗說：「老婆，妳知道我真的很愛妳嗎？因為愛，所以我用意志力撐下去，因為我不想這麼快離開，我知道妳捨不得我。」

善解人意的秀麗也眼眶紅著回應老公說：「我知道你已經很努力了，也知道你在擔心什麼，你擔心你走了以後，我一定會去找別人吧。」

他們在一起二十年了，看著彼此的眼神還是很有愛，有一次我好奇地問他們：「你們是怎麼經營夫妻感情的呢？」

「心理師，我不知道妳相信不相信前世今生耶～」

「嗯嗯——妳說說看啊——」

秀麗說她與老公都相信前世今生，上輩子無法在一起，所以他們轉世到這輩子才能相遇，看來這輩子的夫妻緣份也很短，他們一直很珍惜得來不易的緣份。秀麗的先生分享，我們吵架不會超過一天，如果我不對，我一定主動道歉，希望她不要生氣，因為是這輩子得來不易的緣份。我最喜歡跟她一起下廚，兩個人享受美好的時光，也很喜歡和秀麗在一起打打鬧鬧，看她笑得開心，我就開心。

接著秀麗用充滿愛意的眼神看著先生，說：「對啊，我看他很努力對我好，也捨不得氣太久，我很感謝他一直對我很好，雖然我不完美，但遇上這樣的男人我很珍惜，雖然身邊有一堆條件比我好的人，但他們沒有像我一樣遇上真愛。」

看見他們的故事，也希望給讀者一些希望，真愛是存在的，他們成功的愛情來自於下列愛情信念：

- 他們認為自己不是最完美的，感恩對方的選擇。
- 相信前世今生，珍惜彼此。
- 不去強迫對方、勉強自己，對方的笑容最重要。

這讓我聯想到一位美國心理學家賀琳．安德森（Harlene Anderson）提到，要成功經營婚姻，有兩個因素很重要，「保持彈性」及「視對方為獨立的完整個體」，因為每個人都會隨著時間成長、改變，所以需要保持彈性去理解對方的想法及變化，並視對方為一個獨立完整個體，學習尊重對方。

我想，秀麗與她先生始終很尊重彼此，視對方為獨立完整的個體，所以不會去勉強對方，並單純希望對方快樂。看見他們真摯的深厚之情，心裡稍微替他們即將有一方要離開而感到惋惜。

我關心秀麗即將面臨看著真愛離開的心情，她哭著說：「我已經慢慢有心理準備他要離開我了，這世夫妻之情還是只有二十年，真的很不捨得。」

他們雙方都堅定地告訴我：「下輩子還要當夫妻，希望下輩子緣份長一點。」

有人問什麼是真愛，我想有一種真愛是，當你的愛情遇見了生命的不完美，面臨死亡這個變數時，你依然感謝不枉此生與身旁的人在一起。

原來在生命在最後的時刻，身邊有著真愛真的很幸福。

Note

• 現在的你，如果因為愛情的挫折而讓你無法再有愛人的勇氣，請你相信這個傷口只是暫時的。

- 現在的你，如果正因經營伴侶關係而面臨許多衝突，或許可以思考你們關係中給予彼此的彈性，是否有尊重對方，兩個人真的在乎彼此是否有笑容？
- 未來的你想有個伴侶陪你走到最後，你希望是什麼樣子的呢？

如果覺得對於未來伴侶的輪廓還不是很清楚，可以用藝術治療中作畫的方式來探索自己想要的伴侶，作畫過程中美術天份不重要，重要的是如何詮釋及表達作品，並從中看出潛藏訊息。

練習：在紙上畫出兩棵樹，一棵代表你，另一棵代表你想要的未來伴侶。

準備一張A4白紙，用粉蠟筆、色鉛筆，在紙上畫兩棵樹，也可以用平板電腦作畫。畫完以後，對著信任的朋友像「看圖說故事」一樣，講述自己的樹是什麼模樣，另一棵代表未來伴侶的樹是什麼模樣，看畫中是否有潛藏對親密關係伴侶期待的訊息、代表未來伴侶的那棵樹，樹的外觀展現什麼樣的個性、樹之間的距離可能代表了你想要的親密關係距離。

妳真實的樣貌　是美麗的天鵝

慧敏，23歲，畢業不久，正準備公務員考試，覺得自己像醜小鴨，不喜歡自己不討喜的臉、豐腴的身材，從小到大，常被家人拿來和別人比較，所以心理壓力很大，她知道永遠比不上表姊、鄰居的姐姐、媽媽朋友的女兒。

慧敏說：「我覺得自己很不好、不美麗，媽媽一直對我不滿意，我有時都懷疑我到底是不是媽媽親生的，我真的很懷疑媽媽愛我嗎？」

在慧敏心裡一直覺得自己是醜小鴨，走到哪裡都不被接納，求學期間，也有過被霸凌的經驗，常常覺得自己不夠好。而這種覺得自己不夠好的感覺，不是看幾句正能量的話就能改變，而且還很容易因為環境、他人說的話語，而觸動敏感的神經，常常對朋友生氣而引起衝突。對慧敏而言，與朋友靠太近很累，因為她很在意他人的評價，她覺得最放鬆的事就是和男友在一起，最信任的人就是男友，把男友當成全世界。前陣子和男友去公園野餐，當她躺在草地上看著天空時，男友直白地告訴她說：「我愛上別人了，可不可以和平分手」，當下她真的無法接受。

「什麼叫愛上別人？什麼意思？」慧敏急切地追問著男友。

男友說：「就是愛上別人了，覺得還是跟妳坦白比較好。」

慧敏愣住，只希望男友不要分手，她淚流不止，是哪裡出了問題，她逼著男友給一個答案。

男友說：「已經變質了，就在一次次妳只顧著妳自己感受的時候。」慧敏不相信自己聽到的，她自認算是貼心的女友，到底發生了什麼事。

我跟慧敏說：「我知道妳很難相信被分手，想哭就哭，想罵就罵吧。」

前幾次會談，慧敏花了很多時間發洩情緒，接著慧敏單純想知道，和前男友到底有什麼問題，於是她開始回想自己的發現：「我知道男友一直很照顧我的情緒，很包容我，我誤以為這就是愛情。」

「因為對自己很沒有自信，所以刻意找配合度高的男友，逼男友肯定我、配合我，對男友也很情緒化，總是任性地對待他。」

「大概是哪些任性的行為呢？」

「我很容易生氣，男友就算工作忙，我也不管他的感受，只要我生氣，他沒有立刻安撫我，我就會更情緒化，逼他馬上好聲好氣地哄我。」

我知道她正在用反省的方式來回憶這段感情，她覺得一定是她做錯什麼，男友才會愛上別人，我對她說：「我們來談談妳為什麼想對男友任性吧……」

她哽咽地說：「我很認真努力反省，我一直要對方包容我的情緒，當對方真的容忍我，我就可以證明自己值得被愛。」

分手，會讓人有對對方生氣，也對自己生氣的情緒，沉浸在這些情緒裡，光是讓自己冷靜下來，思考是什麼原因導致關係發生變化，還要自我反思，並不是件容易的事情。慧敏很喜歡有次會談時，我陪著她摸摸自己的心，去感覺自己的所有情緒，當時她覺得那樣做，可以靜下來，感覺自己的心跳和呼吸很舒服。她說當自己做這樣的練習時，可以稍微緩和分手的痛。

「嗯，真的很痛吧，心碎的感覺。」我指著她的心。

當慧敏比較能接受心碎的感覺時，她沒有否認受傷的感覺，她說：「我確實失去他了，當時用太多任性的情緒去測試他，分手讓我知道，因自卑而產生不安，一直任性要求對方，我應該正視自己的不安全感，而不是全丟給對方處理。」

「雖然他愛上別人，現在想起來還是會心痛，但不像一開始那樣不舒服了。」

總是看見慧敏其實有著很可愛的特質，我對慧敏說：「妳有許多美好的特質，我陪妳練習自戀吧。」

慧敏說：「自戀？」

「對啊，妳沒聽錯呀，人有點自戀會比較健康，自戀是一種愛上自己的感覺，從小母親拿妳和別人比較，總是給妳負面評價，讓妳感覺沒有被愛，長大了就容易有自卑感，但現在妳已經是成人，雖然受過去家庭影響，但現在也可以信任自己，慢慢培養多愛自己的行為，去變成妳想要的樣子。」

接著，我準備一些時尚雜誌、地理雜誌、舊報紙，然後請她以「當魔法遇上未來的自己」為主題做藝術拼貼，把雜誌上有感覺的文字、圖片，剪貼在紙上。

人們經常把願望、內在潛藏的想法寄託於魔法，精神分析理論認為嬰兒時期會覺得世界繞著自己轉，什麼事都能成真，只要自己有這個念頭，世界就會給予回應，來滿足自己的要求，長大後的我們，會理解到真實世界並非如此。然而我們偶爾可透過相信魔法，試著回到相信自己有全能感的嬰兒時期，去探索自己的渴望及目標。所以創作主題運用這個理論陪著慧敏去探索屬於她的願望及目標。

慧敏作品中，有很多運動、旅行的圖片，還有她從雜誌剪下來拼貼的文字「我的古靈精怪、燦爛美夢都將慢慢成為我自己。」、「先愛上自己、認識自己。」而自從決定好好愛上自己以後，她開始規律運動，對自己開始有自信，而我也發現她的氣質變得更穩定、更美麗了。

原來，她真實的樣貌是美麗的天鵝。

不久前，收到她的卡片，卡片上寫著「真心謝謝妳，是妳的同理心及用心陪伴我分手心碎的日子，我現在過得很好，也很平靜，希望妳可以幫助更多人。」

知道她過得很好，真好。

Note

剛面臨分手，或許你已經沉浸在負向情緒一段時間了，有時可能想咒罵對方，有時感到自責，但更多時候會覺得是自己不夠好才會被分手，這時請先告訴自己，面對分手，已經很難受了，善待自己才是最重要的事情，試著讓心隨著呼吸慢慢平靜下來。可以什麼都不做，躺在舒適的床上，四肢攤平，身體放鬆，睡著了就自然睡去，醒來記得告訴自己：「我是個美麗的女人，這才是我最原始的樣貌。」

當你感受好一些了，準備一張圖畫紙、一些舊報紙、雜誌、各式手冊型錄、剪刀及膠水，進行藝術拼貼，拼貼出「當魔法遇上未來的自己」，把吸引你的文字或圖片剪下來，隨興貼在圖畫紙上。然後看著創作成品自由書寫「我看見了……我感覺……」進一步探索潛意識下的情緒。

CHAPTER

4

受傷了，記得把溫柔留給自己

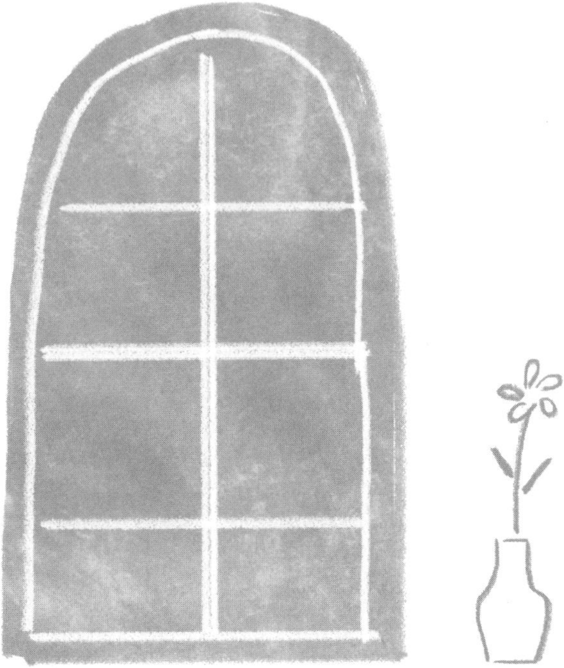

牡羊座男子讓我受傷了

24歲的白白，最近工作心神不寧，花了很多時間上網搜尋很多「男人愛妳會有什麼行為」、「如何讓牡羊男子喜歡妳」的網路文章及影片。

因為她總是被牡羊男的熱情追求、付出、體貼吸引，而這次的新對象又是牡羊座男子，兩人原本只是有點熟的朋友，但在重新聯繫上之後，大概一個月，短短30天左右，他們就開始交往了。

她全心投入戀愛，很快把心交給對方，但過沒多久，正當她覺得對方態度好像有點變了，牡羊男正好傳來訊息：「我們還是先當朋友吧。」白白追問：「為什麼只當朋友？」，牡羊男子卻回：「就當我配不上妳，不要再傳訊息給我了。」白白懇求牡羊男，還對他說如果有哪裡不好她會改，但牡羊男還是希望恢復成普通朋友關係就好。

白白說：「既然一開始是喜歡我的，應該是哪裡有誤會，這些都可以努力調整、溝通的啊，這樣放棄太可惜了。」

白白沒有放棄，每天持續傳訊息給對方，就算對方只是禮貌性回一句「嗯」、「早安」，白白就覺得有希望。白白的生活信念是——任何事只要努力就一定會有成果，所以做什麼她都很努力，努力工作、努力維持人際關係，連愛情也很努力，努力到即使對方明顯拒絕，還是想勉強對方接受自己的心意。

2020年《社會與個人關係期刊》（註1）有篇研究愛情欲擒故縱與吸引力相關性的文章，研究結果顯示，當一個人比較難追求時，追求者會賦予較高的求偶價值，也會對此對象有較強烈的性吸引力，甚至為了想見到這個難追求的人，願意付出更大的努力，以此推估，交往初識階段，使用欲擒故縱策略可以讓你更迷人。

欲擒故縱意指即使你喜歡對方，卻故意給對方出難題，表現得不是很在乎的樣子，很多人覺得這樣好像不真誠，但我認為這並非是操弄對方心意，而是認知到人容易有「靠太近反而失去了解的興趣」、「太在乎，對方就不會太重視你的感受」的人際心理。

聽起來，欲擒故縱似乎是一種獲得愛情的策略，但或許該說是一個可以降低在愛情中受傷的自我保護方法，可以藉由這種方法觀察，慢慢了解對方之後，再來決定是否投入這段戀愛關係。

因此經過幾次會談後，要和白白一起探索的是，她總是急於投入一段感情背後真正的原因。首先，先請白白描述她的日常生活，聽著她平淡的敘述，發現她的人生沒什麼明確目標，活著感覺沒有任何樂趣，只覺得有一堆責任義務，她知道自己只是眷戀戀愛的感覺，其實根本不了解對方，只想找個人陪伴。於是我藉由藝術治療（註2）來陪同白白探索自我。

先請白白想像一下，如果自己是一棵植物，會是什麼樣的植物呢？然後請她將心中的想像，利用藝術媒材創作出來，想怎麼表達都可以，創作形式沒有限制。於是，她用了金黃色的水彩在圖畫紙上畫了一朵向日葵，一朵在陽光普照的夏天裡仍面向陽光的向日葵。

請白白簡單解釋她的創作，白白說：「這朵向日葵就像我以前給人的感覺，因為被生活瑣事還有責任而忘了那個開朗的自己，很久沒有迎向陽光了。」

我問白白：「妳會想跟這朵向日葵說什麼呢？」

白白說：「我想打聲招呼『嗨！妳好嗎？』」

我接著問：「那妳覺得這朵向日葵如果會說話，會想跟妳說什麼呢？」

白白說：「受傷的妳，辛苦了。」

詢問白白在創作的當下，還有聯想到什麼嗎？白白說她想到大自然，以前很愛親近大自然，還會參加過登山社，但自從忙於工作以後，就很少去了，現在她感受到一股想要接近大自然的動力，所以計畫最近騎摩托車到山上走走。

另外，持續畫著植物創作的白白，產生一股創作的力量，她報名手工皮件課程，學著安排生活，給自己一些目標。

過了一陣子，我問白白：「最近妳好像比較少提到牡羊座男子了。」

白白說：「現在的我想好好學習獨處，不再執著一定要有一段戀情，光是看山、看海、看雲朵、做些手工皮件，已經讓我感到很快樂了。」

看來，現在的她已經懂得享受獨處的樂趣了。

Note

如果你也很容易快速投入一段感情，請記得「欲擒故縱」的研究結果，提醒自己放慢速度，觀察之後再付出可降低受傷風險，另外，真正的愛情雖然要努力經營，但若一開始對方沒有意願就無需勉強，讓自己愛的不勉強、不委屈，讓自己愛的舒服、愛的自然也是懂得愛自己的方式。

若只是想藉由愛情逃避一些事情，才急著投入一段感情，請先專注練習如何獨處，思考「我想過什麼樣的生活？」如果還不夠清晰，可藉由簡單的藝術媒材，粉蠟筆、色鉛筆、一張圖畫紙，以植物為主題，直覺創作出如果你是一棵植物，會是什麼樣的植物？這個植物可以是你最喜歡的植物，也可以是對你有特殊意義的植物，植物的種類、狀態、所處的季節，及想要待的環境都由你自由創作。

創作完，欣賞自己的創作，對自己詢問以下問題：

- 你想對這個植物說些什麼呢？
- 如果你創作的植物會說話，它會對你說什麼話？
- 如果可以用各種有形、無形的方式去滋養這個植物，你想畫上什麼呢？
- 最終希望你能透過自我對話，愛上你創作的植物，愛上你自己。

註1：No pain, no gain: Perceived partner mate value mediates the desire-inducing effect of being hard to get during online and face-to-face encounters，Journal of Social and Personal Relationship.

註2：美國藝術治療協會定義藝術治療為，藝術治療是一種提供非語言的表達與溝通方式，透過創作的過程可以緩和情感上的衝突，提高當事人對事物的洞察力或達到情緒化的效果，有助於作品應用心理狀態分析，對作品產生的聯想，有助於維持個人內在和外在經驗的和諧。

愛上嚴重自戀特質情人

愛上自私又自戀的他，該怎麼辦？我痛苦至極，愛情怎麼會這麼折磨人。

有過這種經驗嗎？交往時，一開始很美好，但蜜月期一過，對方開始忽略我的感受，不知道發生什麼事，讓我開始懷疑自己，怎麼會選擇他？努力試著和對方溝通，最後反而質疑起自己，是不是讓對方覺得很困擾？

Angel是個安靜的女孩，體貼、善解人意、邏輯清楚，身為業務經理，工作上決策果斷、令人信服，但愛情卻是一團糟，糟到她都懷疑愛一個人有這麼難嗎？

Angel每次和男友爭執的理由，都是因為感覺不受尊重，她有個外型不錯又愛打扮的攝影師男友，男友很受歡迎，但他卻不會因為有了女友，而和異性刻意保持距離，這次又是因為同樣的事起爭執，最後男友說：「我說過，我就是很容易喜歡上一個人，一輩子只喜歡妳一個，太為難我了，如果妳無法接受，我們就分手吧。」這不是男友第一次這樣說，但她依舊大受打擊，好幾天無法專心工作。

從Angel每次的敘述中，可以知道她的男友是自戀特質情人，雖然心理學上認為，人擁有適當自戀特質可以產生自信心，有助心理健康，但自戀特質嚴重的人，通常只重視自己，不顧慮他人感受，而做為自戀情人的親密伴侶必定會滿是傷痕。

嚴重自戀特質的人可能有以下特徵：

- 做了傷害你的事，例如：出軌、動手等行為，完全沒有罪惡感，對你的痛苦輕描淡寫，有時會合理化傷害你的行為。
- 口頭承諾會改變傷害你的行為，但其實並不會修正。
- 凡事以他的感受、利益為出發點，同理心非常薄弱，只要你的絕對順從。

Angel的男友根本不在乎她的感受，有次甚至想說服Angel讓他擁有其他性伴侶，如果她對這件事情表達反對、生氣，男友就會好幾天不回Angel的訊息及電話，就像人間蒸發一樣。

「妳知道我的心有多痛嗎？他為什麼要這樣折磨我？我想像中的愛情不是這樣的。」Angel 流著眼流說。

「那麼，妳想像中的愛情又是怎樣的呢？」我問她。

「我很沒安全感，所以很希望對方至少可以給我基本的安全感。雖然知道，他不是理想中的對象，但還是被他吸引，現在想想，反而羨慕他這麼清楚知道自己在愛情裡要的是什麼。」

其實 Angel 來找我，並不抱著可以改變什麼的期待，不過是想要有一個可以讓自己敞開心胸，說出心裡話的地方，不過隨著幾次會談下來，Angel 開始有了改變，從一開始的生氣、委屈，轉變成接受現況，也不再只是談論那段受傷的愛情，聊到更多的是，自己未來想要什麼樣的愛情，這樣的改變便是她「愛情復原力」提升的表現。

「我想提出分手，不想繼續受傷了，他並不適合我，現在的我，甚至已經沒有想去查看他手機的執著了。」

分手之後，Angel照舊過著經理人的生活，看著她在會談中的笑容愈來愈多，有時分享她有趣的生活日常，讓我不禁想著，告別一段傷痕累累的愛情關係，似乎讓她更了解自己並成長。

她對我說：「我沒什麼安全感，所以未來的對象，要能給我基本的安全感，在愛情關係裡必需忠誠，和異性保持適當距離，對前男友沒什麼怨言了，畢竟是自己選的，現在分開，感覺鬆了一大口氣。」

隨著Angel慢慢復原，會談也來到結束的時間點。在最後一次會談結束前五分鐘，她希望我和她一起聆聽《阿拉斯加海灣》這首歌。

這首歌的靈感來自世界九大著名海灣之一——阿拉斯加海灣，隸屬於美國與加拿大間的海域，海面呈現兩種顏色，因密度關係，兩片海無法融為一體，作詞者要表達的是，有些愛情儘管彼此相愛，最終仍無法在一起的心情。

Angel對這首歌很有感觸，其實她和男友對彼此仍有感情，但繼續在一起，男友的自我中心，只會帶給她痛苦，雖然心中有著淡淡哀傷，最終也只能選擇分手。

當歌播放完，Angel對我說：「我想當我感受到了自己的哀傷，對這段愛情也真的已經放下了。」

Note

遇上自戀情人需要有心理準備「對方不太可能主動改變，也不太可能因你的付出而感動到為你改變」，曾有過一位嫁給自戀情人的女性會談者，最後她不願離開的原因只剩下「不甘心」，愛情早已被對方的極度沒同理心消磨殆盡。如果你很明白知道自己愛上了一個不對的人，但又因種種複雜的情緒而離不開，會先邀請你做一個稱為「我是王后」的練習，來學著愛自己。

準備一張紙或一本本子、一隻筆寫下自己受傷後的情緒，幫助自己看見背後的情緒，在這個練習裡面想像自己是所有情緒的王后，默念時想像它們都是你的子民，不論是悲傷、憤怒，都是你的一部份，但記得你是它們的王后。

然後看著這些被寫下的情緒，輕輕閉上眼睛，唸出聲音或默念都可以：「我是王后，是我情緒的王后，所有的情緒都是我的臣子及子民，不論各種情緒，我會接納你們，但最終記得我才是所有情緒的王后。」

這個練習可讓你學習對於情緒的接納及掌控感，並讓自己感到安心，是一種貼近自己情緒，好好愛自己的練習法。

別擔心，妳的心碎終將復原

失戀的人，最常聽到「別擔心，下一個一定會更好」這種安慰的話，但只有自己才知道，失戀後，胸口總是隱隱作痛，生活大小事充斥著對方的影子，更殘酷的是，可能不會因為找到下一個人而立即修復傷口。

29歲，身形瘦小的琴，踏進我的會談室，從她說話的語氣，可以判斷出她是個善於思考、冷靜內斂的人，她說自己不太擅長表達感情，不容易愛上一個人，但一旦愛上了，對方會在她心裡佔據一個很重要的位置。

和男友從大學畢業後在一起七年了，因為工作關係，遠距離談了一年半。她這樣告訴我：「走過遠距離艱難的一年半，也視彼此為最重要的人，我以為接下來就要論及婚嫁了。結果讓人無法接受的是，上週還牽著手在夜市吃東西，聊著彼此生活近況，現在卻說要分手。」說到這裡，琴哭得雙眼都腫了，不斷拿衛生紙拭淚。

「心真的好痛，這幾天也沒有入睡，沒辦法想像沒有他的日子。」琴告訴我，現在思緒很亂，平常總是冷靜的她，無法安撫自己的情緒，身邊的人很擔心她，雖然很感謝他們的建議，但她感覺很有負擔，而且她也擔心被別人的建議影響，因此她希望我以客觀的角度傾聽，陪她走過這個歷程。

我問琴：「妳現在最擔心什麼？」

她說：「擔心接下來怎麼辦？該挽回嗎？該做些什麼嗎？真的好亂，我會不會就這樣真的失去他了？我以為我們在一起七年，應該可以走一輩子，怎麼會突然就這樣子沒了呢？」

因為實在太痛苦，勉強自己和其它人約會，試著以一段新關係去撫平傷痛，但事實是根本撫平不了，滿腦子都是他，他……到底為什麼不愛我了？

「嗯嗯，後續還有和前男友說什麼嗎？」

我知道他是深思熟慮的人，一定是想了一陣子，想清楚了才會提出分手，他有對我說，真的想了很久，就是感情淡了、不愛了。「不愛了」這幾個字讓琴心痛極了，回想過去，確實忽略了男友的感受，加上男友習慣把心事悶在心裡，長期下來彼此缺乏溝通。

面臨分手的心碎感，通常是焦急又慌張，會覺得自己是不是在做夢，尤其是毫無預警發生，可能會有很多自責的情緒，如果能回到過去，多關心對方的感受，是不是就不會分手了？到底是哪個環節出了問題？腦子會不斷重複思考整個過程，這種痛只有經歷過的人才明白。我看見琴因為這份感情不斷自責，但是自責感愈深療傷速度就愈慢，所以陪著琴，重新解讀被分手這件事情對她來說很重要。

「找一個無條件包容自己的人很難嗎？為什麼他就不能多體諒我？都已經七年了，說放棄就放棄，他的理由是不愛了、沒感覺了，但我真的不想放棄他啊。」這麼說著的琴，流露出想找回愛情的急迫感。而且隨著不斷探索內心感受，她的結論是想試著挽回，因為這份感情很珍貴，不希望就這樣說沒就沒了，如果不試著挽回，她一定會後悔。

「妳覺得妳是因為失去對方很痛苦，還是真的想挽回這段感情？」

琴冷靜地回答：「我想了很久很久，我覺得是他誤解我不重視這段感情，但其實只是因為我不善於表達感情，在我心裡，是將對方視為要過一輩子的對象。」於是琴做了挽回男友計畫，過去不太會表達感受，經由會談時的練習，她想對男友表達出她真的很愛他。

男友最終還是拒絕復合，因為已經沒有勇氣再接受琴的感情，後續會談中，琴慢慢開始習慣使用「前男友」這個詞。她告訴我，身邊有一些男性朋友試著約她出去，但她知道，自己還沒從上一段感情中恢復，如果藉由他人轉移注意力，那不過是暫時填補失落空虛的心靈罷了。

一貫冷靜的琴，有這份勇氣面對自己，只是過程中需要有人見證、陪伴並支持她的決定，而我也很感謝她的信任。許多人在失戀時，那種失去愛情的心痛，會讓人想利用新戀情暫時麻痺自己，但琴很勇敢地選擇在失敗的感情裡，再努力試一次。

「我還是想等他，妳會覺得我太執著嗎？身邊的人都說，我怎麼對他這麼執著。」

我給予琴支持性的空間去思考這個問題，請琴自己回答。

琴說：「雖然我可能已經失去他了，不過我不想否定這段曾經存在的關係，我不知道要等到什麼時候，不過這是一個很好的機會，給了我和對方一些空間，在這段關係裡，我更了解不擅長表達感情的自己，我想試著改變，不是為了對方，而是為了自己。」

「哇～琴，說出這段話的時候，妳的心情如何？」因為琴好像已經不像過去那樣，以自責的心態來看待這段關係了。

「我覺得沒有一開始那麼痛苦了，心裡感受更踏實了，雖然想起來還是有些淡淡的憂傷，也常常聽情歌會流眼淚，但心裡有好一些了。」

琴在最後一次會談中提到，她不急著開始新關係，選擇給自己一些時間及心理上的空間去調適這份失落感，其實她的冷靜特質及願意學習的特質，已經在這份失去的關係中成長了。

Note

面臨愛情的失落，尤其是無預警的分手一定會讓人措手不及，生活空了一大塊，也可能因為生活習慣被打亂，而急於想要一個理由，那個理由可能是：「我們不適合」、「我對你沒感覺了」、「不愛了」，因此會讓你自問，是不是自己不夠好，或犯了什麼錯，所以對方才會捨棄這段關係？

不過親愛的，別自責了，因為自責感會讓我們更難受，有時候愛情的變化，很容易在我們還沒察覺時發生，請記得告訴自己：「真的不是你的錯」。你只要告訴自己，接下來需要一些時間好好靜下來與自己相處，想哭就好好哭，想聽情歌療傷就聽，想要好好休息就休息，不需要強迫自己要趕快振作，不要強忍悲傷，慢慢調適這份失落感，心碎的痛不會一直持續下去，未來的你，將因為走過這段愛情失落的經驗而有所成長。

愛上兩個人可能有著受傷的心靈

看見過一些自稱「同時愛上兩個人」的人，但真正能享受這種關係的人卻很少。的確，人想與他人有親密連結、尋求歸屬、尋求被愛再自然不過，沒有哪個心理學家可以否定這種人類的心理需求。

不過愛上兩個人，無法真正享有愛情的莎莎過得痛苦且沉重，不理解為什麼會弄成這樣，她問我：「有可能同時愛上兩個人嗎？」

莎莎是個熱情且重視外貌的女孩，喜歡仿妝後拍照上傳社群，加上自己是經營韓國服裝部落客，更需要經常在社群媒體展現她美好的一面，嗯……美好的一面透過社群媒體呈現，但卻與心靈上真實的自己有所衝突。

莎莎異性緣很好，總是有很多喜歡她的人讓她擇選，她也承認沉醉在這種被欣賞、認同的眼光到了成癮的地步，因為這證明自己很受歡迎，即便在戀愛過程中被傷害了，馬上又可以找另一個男人，來療癒傷口。然而如此反覆受傷後找另一個人安慰的行為，漸漸微妙形成她與兩個男性同時交往的狀態。

不過最近她感覺自己經常要藉由說謊才能維持這兩段關係，畢竟不是所有人都能接受要與其它人分享另一半的愛，一般人對愛情都有獨佔與專一性，每個人都希望對方的愛是「專屬的愛」。

但莎莎不想面對這個問題，她很抗拒只專注於一位伴侶，內心一直催眠自己「我不用做選擇，只要順其自然就好。」於是藉由不斷說謊來維持戀愛關係，最後開始產生很多負面情緒，像是自我懷疑、空虛、害怕、焦慮，於是莎莎選擇來找我談談。

在面臨選擇時，每個人認知不同，通常會被兩個以上的人吸引的人，其實並不知道自己想從這段關係得到什麼，所以很容易順從內心渴望毫不猶豫投入。

雖然一開始她就問我：「有可能同時愛上兩個人嗎？」但其實莎莎已經不是第一次了，她在這種狀態下感覺一點都不愉快。

我看著很苦惱的她問說：「莎莎，問妳喔，妳了解自己的需求嗎？」

莎莎不太了解自己想在愛情追求什麼，對於愛情總有一種不信任感，可能是因為每次在上一段戀情受的傷還沒復原，就很快投入另一段愛情，所以對愛情的態度，總是想著把握當下，因為也不確定會走多久。

每個人在受傷後，容易有很深的無力感，然而失去愛情時，必須珍惜從失落中復原的這段時間。莎莎從來沒有給自己一段時間哀悼、逝去的戀情，因此沒有機會，在每段失去的關係裡，經歷從失落到復原的過程。

我跟莎莎分享我的觀察，對她說：「莎莎，能感覺到妳現在在愛情裡一點也不快樂，不如我們就在這邊好好誠實面對自己的感覺吧，接納自己的感覺很重要，當妳能接受自己的樣子，就有機會成長、改變。」

心理工作永遠追求的是內在的誠實與真實，所以我最常跟與談者說的一句話就是：「盡情在這裡呈現妳真實的樣子吧。」莎莎說雖然不如社交軟體上的光鮮亮麗，但在這裡可以坦然面對真實的自己，而當她願意在這個空間說出真話，我就知道她開始發揮自我療癒力與覺察力。

劈腿對她來說並不開心，所以想主動結束，至於怎麼選擇，莎莎說：「也許兩段關係都不要，也可能選擇其中一個。」

我邀請莎莎好好思考，目前的心理狀態渴望的是什麼樣的關係呢？

莎莎說：「我想要一段長期穩定的關係，在這段關係裡我可以做我自己。」

「目前這兩段關係，妳怎麼看？」我問。

「我比較想和原來的男友在一起，因為在後來的那段關係裡，比較不能做自己。」

「愛情真的好難，苦惱了很久，才知道原來我想要的是穩定的關係，也終於了解，想有一段穩定的關係，也要有勇氣做出抉擇。」

除了藉由反覆對談去同理莎莎的苦惱，也陪著莎莎認識過去那個受傷的自己，帶著莎莎回想當時的心理狀態。

「就是感覺很氣自己，怎麼又讓自己受傷了，怎麼又失敗了，導致自己對愛情總是感到不安。」

「所以維持兩段關係，會讓妳感覺比較安心嗎？」

「其實內心有種自我毀滅的感覺，因為不相信會有結果也害怕受傷，乾脆都接受，看看會怎麼樣好了。」

這是莎莎一直在會談中透過對話，才發現原來根源是因為不相信愛情。

「原來問題在這裡呀。」

自從莎莎誠實了解自己是因為害怕受傷而不信任愛情會有結果，她決定溫柔對待自己，她告訴我，終於與其中一個男友分手，並和另外一個男友穩定交往中。

Note

愛情這件事無法只用「理性認知」去理解，也無法用社會評價來決定，劈腿、出軌會讓你有罪惡感，但最終還是回到「認識自己」的議題，你需要從中挖掘內心對於愛情的真實態度。

愛情失落受傷經驗在會談室很常見，愛情失落經驗（分手）沒有調適好，容易不相信愛情，其實分手調適期是一個很珍貴的「失落修復」的時間，在這段時間可以去探索在這段愛情關係裡，到底發生什麼事？自己渴望的又是什麼？我受傷的傷口好了嗎？我真的準備好展開新的戀情嗎？

在「婚姻孤島」待了好久

萱萱，今年31歲，大學畢業後家裡的人催促她趕快找對象結婚，於是她也自然順著這個方向，把「該有一個家」這件事放在心上。

大家都說她是典型顧家的巨蟹座，給人感覺很溫暖、顧家、善解人意，然而這些稱讚卻成為讓她喘不過氣來的無形壓力，大學畢業後找了一個各方面條件都還不錯的男生，穩定交往幾年就結婚了，不過婚姻生活卻不如預期，現在的她無力地告訴我：「妳知道我多會忍？我在的地方其實是一座婚姻孤島。」

「我的婚姻裡早就沒有愛情了，我是為了孩子才維持這段婚姻的。」萱萱感覺相當疲憊。

她說：「兩個孩子才唸小學，工作是一般服務業，薪水沒有先生高，在家裡常被嫌家事做不好，但其實我很努力在做了。婚姻裡類似這樣的事說不完，但真要說出離婚卻沒那麼容易，因為要擔心的事太多，小孩的心理狀態，有沒有能力照顧小孩，還有撫養權等等，有時實在忍不下去，想鼓起勇氣做出決定，但一想到孩子又退縮了。」現實生活中，很多人都和萱萱一樣，只要先生適當扮演好父親角色，其實就這樣過下去也可以。

感覺萱萱有很深的無力感，對她來說，婚姻好像真的是用忍的、用撐的，一直以來她自認很努力經營、維持這段婚姻，但好像再怎麼努力，先生也只是視為理所當然，而他那種理所當然的態度，相當令人沮喪、生氣，但在婚姻裡的遭遇，以及油然而生的孤單感，真的不知道可以跟誰說。

我問問萱萱：「在這段婚姻裡，妳有什麼需求呢？」

萱萱說：「我希望得到先生的疼愛，先生有個朋友是愛妻魔人，每次看了都很羨慕，因為我做再多，先生也只會一直誇讚別人的老婆。」

「那妳感覺如何？」

「覺得這段婚姻讓我相當不快樂，先生在別人面前脾氣很好，在家裡卻老是嫌東嫌西，脾氣很暴躁，也不會分擔家事。」

本以為結婚後就不會感到孤單，結果嫁給有點傳統的老公，幾乎自己一個人教養孩子，維持婚姻生活，讓她更孤單了，有時她會問老公：「我穿這樣好看嗎？」

老公只會冷冷回說：「拜託，妳穿什麼都一樣啦。」

從這些生活小細節，可以看出萱萱在婚姻裡，沒有受到愛情的滋養與尊重，她想從婚姻得到的是被重視、被關愛呵護的感覺。萱萱繼續抱怨自己為家庭付出許多，也犧牲很多休息時間，不只包容對方的壞脾氣與大男人主義，更從沒計較他為孩子付出多少，但卻得不到相同的回報，讓她覺得很不公平。

「妳應該對這段婚姻很失望，也在這段婚姻感到孤單、委屈。」我對萱萱說。

她流下已經許久沒有流下的眼淚，她說：「我還很氣自己。」

我問萱萱：「妳氣自己什麼呢？」

萱萱說：「氣自己很沒用，為了避免起衝突，一直忽略自己受傷的感受，結果讓自己變得更孤單。」

我觀察到萱萱和自己的關係並不好，於是跟她分享心理學曾提到，人有四種人生腳本，這四種不同的人生腳本，會造成不同與人互動的結果，而有不同的命運。期待萱萱能覺察到自己的人生腳本，只覺得別人好、別人重要，自己不好、不重要，在婚姻關係持續這樣互動就會覺得自己是「永遠的悲劇女主角」而拿不出力量。

艾瑞克·伯恩（Eric Berne）是一位美國心理學家，提出了人有四種人生腳本，這些腳本都會形成我們人我關係的命運，若能了解自己的腳本，才能從中找回到真實的自己，成為自主、有活力與創造力的人。這四種腳本內在信念是：

「我不好，你也不好」

「我不好，你很好」

「我好，你不好」

「我好，你也很好」

我們最終都期待能覺察到自己原本的人生腳本，朝向「我好，你也好」的人生腳本發展。

我問萱萱說：「妳覺得自己的腳本是哪一個呢？」

萱萱說：「我覺得我常常覺得自己不好，先生卻很好，所以可能都把重心放在他身上吧，然後忽略自己的感受。」

我跟萱萱說好，先做自我照顧的練習，唯有如此才能慢慢朝向「我好，你也好」的人生腳本。所以鼓勵她，在夜深人靜的時候，花一點時間做一些自我照顧的對話練習。

對全天下的媽媽來說，當孩子熟睡時，才是獨處時間，萱萱也是，現在每天睡前她會花大約半小時，來思考、整理與自己的關係，包括自己的情緒、需求，整理完以後，她感覺很平靜，於是決定和先生好好談談婚姻的品質，然而這次的溝通，她不想再繼續用忍耐的方式了。

「或許有一些衝突，能讓兩人的關係有所前進吧。」萱萱用有別以往的堅定眼神說出這句話。

Note

覺察你是帶著下列哪四種人生腳本與人互動的呢，希望你能最終朝向「我好，你也很好」找回真實的自己。

- 我不好，你也不好
- 我不好，你很好
- 我好，你不好
- 我好，你也很好

當你也在某段關係裡感到孤獨、受傷時，試著找一個可以獨處的時間及空間，那段時間是屬於你自己的時光，像是一個沒人知道的祕密儀式，做一段自我對話：

把自己比喻成一座孤島，你會是一個什麼樣的島呢？

除了文字表達方式，如果願意嘗試用藝術形式創作，可準備下列工具，10色以上的彩色筆、水彩、蠟筆、圖畫紙、日記本，畫下自己是一座孤島的模樣，最後看看自己的作品，內心溫柔地擁抱這座孤島。

善良的現代灰姑娘

「發現我符合免費心理諮商資格，想了很久，就想說來試試看，因為沒什麼朋友，所以希望妳陪我說說話。」這是珍妮一開始來找我的原因。

珍妮，32歲，瘦瘦小小的身軀，經常穿著灰色衣服、黑色褲子，看起來不常買衣服，她自己有提到「沒時間買衣服。」還記得珍妮第一次來找我時遲到了，她急忙道歉：「對不起，對不起，我知道要準時，但忙著收拾家裡，所以不小心遲到了。」

她遲到十分鐘，擔心我會因此感到不耐煩，看著她凌亂的長髮，我對她說：「沒關係，要不要先喝杯水呢。」她喘了口氣，抬頭起來又對我說了聲抱歉。

來到會談室的珍妮，很有禮貌，說話也小小聲的，對於只有高中學歷的自己感到自卑，從小父母的錢都提供哥哥唸書，雖然好不容易爭取可以唸到高中，卻發現想在社會上立足，這樣的學歷遠遠不夠，但也來不及了。

她自認沒看人的眼光，嫁了一個不太負責任的丈夫。和公公、婆婆住在一起，丈夫最常做的事就是和朋友喝酒，所有家事全是珍妮一人承擔，因此身心俱疲，導致身體不適出現蕁麻疹，嚴重偏頭痛，甚至還得了會讓人感到天旋地轉的「梅尼爾氏症候群」。

「我是28歲結婚的，現在很想離婚，但經濟不太行。」

她厭倦每天忙著全家人的事，也受不了丈夫喝醉回家，清醒時就出去喝酒的日子，對於婆婆總是以長輩身份，要求她做很多家事感到疲憊，她對婚姻失望，對夫家態度感到受傷，在這段婚姻、這個家裡，根本沒人在乎我。

聽完珍妮的敘述，感覺珍妮就像善良的現代灰姑娘，即便任勞任怨仍有做不完的家事，只是她不像童話故事裡的灰姑娘，還有小動物們陪她聊天，唱歌給她聽，陪她做家事，但我了解她在那個家裡被忽略、委屈的心情。

每次的會談，我都會關心她的身心症狀，像是蕁麻疹、偏頭痛、梅尼爾氏症候群的狀況，及她如何回應不停做家事的疲累感，受委屈的心情，因為我從未聽到珍妮有任何紓壓方式。

「妳都怎麼紓解壓力？」我問她。

「上網看看漂亮的包包，但最貴就只買過390元的包包一、兩次，這樣會讓我暫時心情好一點，因為我先生沒有給我很多錢，所以不敢買太貴。」

「我覺得妳的大衣都好漂亮喔，好羨慕妳可以有漂亮的衣服和包包，讓人看了也覺得開心。」珍妮真誠地說出自己羨慕的心情。

若是在一般社交場合，我一定會開心地說：「謝謝你的讚美」但在會談裡出現這句話，會特別探討這句話背後的心理狀態，對珍妮來說，在寒冷的冬天穿著美麗的大衣，像個獨立自主的女性，似乎是離她很遙遠的事。

她臉上的表情及語言，感受到她的嚮往，女人更愛自己的方式，包括發現自己的渴望，然後去行動實現。

於是陪著她探索自己內在的渴望很重要，她要學會在乎自己，不能只是做一個順應別人要求的灰姑娘。

她有次又提到：「我很難想像跟妳一樣有自己的工作，穿著好看的大衣來上班，真的很好。」

「所以我身上有哪些部份是妳羨慕的呢？」

珍妮說：「我覺得能有自己的工作，我就有勇氣提出離婚了。」她覺得那有點像是遙不可及的夢想。

「所以妳曾想過有自己的工作嗎？」

「想過，只是因為我的學歷才高中，不知道自己能做什麼。」

不停陪著她探索著她的渴望，既然她有想過要經濟獨立，那麼我陪著她尋求實際的方法達成目標。

「妳真的想要成為獨立工作的女性嗎？」

「嗯……滿想的。」

「其實前陣子有看了一些不限學歷的工作，但我覺得別人不會要我，所以就只是看看而已。」

「哪些妳比較感興趣呢？」

「當安親班老師可能滿適合我的。」說到這兒，珍妮又突然變小聲，露出沒自信的樣子。

珍妮後來受到鼓勵，試著去面試安親班的工作，會談中陪她用手機錄音練習面試，和她一起修改履歷、自傳。

經過努力練習，雖然只面試一家安親班，但兩周後通知她錄取了。

「原來沒想像中困難，真的很感謝妳。」珍妮哭著這樣告訴我。

我跟珍妮一起在會談室裡歡呼慶祝，找到工作以後，她開始有力氣思考下一步的生活。

珍妮說：「我現在比較有勇氣提離婚了，也找了政府的律師諮詢協議離婚。」

三個月後，珍妮告訴我離婚時，先生沒特別挽留，她終於自由了。開始工作後，珍妮雖然買了新衣服，但還是很節省，不買超過400元的衣服，她說：「因為我計畫買一個自己的房子。」

最後一次會談離開時，珍妮哭著說：「再見，我真的、真的每次都很珍惜我們的會談，因為我知道次數有限，我無法負擔自費心理諮詢，但妳的協助及心理支持翻轉了我的人生，自從會談後，我的壓力小很多，蕁麻疹、偏頭痛發作頻率也降低很多。」

我感動地對她說：「妳自己也很努力成長，我明白妳很珍惜這個資源，看見妳朝向想要成為的樣子邁進，很替妳開心。」

珍妮曾經是現代版的灰姑娘，但現在她就是自己的神仙教母。

Note

不論現在的你是否喜歡自己，嘗試發現在你身上美好的特質，像是：愛、勇氣、堅毅、寬恕、慈悲、誠實、智慧、人際能力、美感、創造力，發現它們並懂得好好欣賞自己。

如果你有一個「想成為的模樣」，鼓勵你大膽去想、去實現，如果遇上難題，可以思考一下自己的身心資源及外在資源有哪些：

視覺資源：喜歡的明信片、電影、喜歡的韓劇、天空的雲、海、夕陽、月亮、太陽、星星、窗外的景色。

嗅覺資源：庭院花草的花香、精油、保養品的自然香氣、喜歡的食物味道。

聽覺資源：喜歡的音樂、大自然的蟲鳴聲、海浪聲。

觸覺資源：按摩、柔軟抱枕、撫摸寵物帶來的療癒感。

律動資源：瑜珈、跑步、跳舞。

人際資源：信任的朋友、家人、伴侶、師長、治療師。

網路資源：部落客文章、社群網站社團、論壇。

政府資源：相關身份別社會福利、創業補助、教育訓練、律師諮詢、心理衛生中心。

還有更多上述未提到的資源，思考並將可運用的資源寫下來，在面對難題時，如果沒人陪伴在身邊，學習如何發現、運用資源，有些資源需要用心看見，找到之後，並對擁有這些資源真心感謝。

最後對自己說聲：感恩現在自己擁有這些資源。

經歷「童年逆境」的奶茶小姐

奶茶小姐說：「上網查了很多資料，我覺得我好像有愛情成癮症。」

愛情為什麼會成癮？其實就跟那些癮君子一樣，想藉由毒品、酒精幫助，輕鬆得到快樂，忘卻現實的痛苦，這些成癮行為背後，往往是因為曾受過深深的傷。

奶茶小姐很愛喝奶茶，朋友都叫她「奶茶」，個性開朗，外型纖瘦、個子小小的，每次都會帶著一杯奶茶來會談，剛好我也愛喝奶茶，所以會特別關注一下她手上拿的是哪家的奶茶。和奶茶小姐會談是一、兩年前的事了，每當喝著奶茶，總會不經意想起她，會在生活中想起那些曾經用心投入的個案，大概是許多心理助人專業工作者都有的經驗。

奶茶小姐來找我的時候是28歲，換過很多男友，對愛情特別沒安全感，她對我說：「大概就是你們心理學上說的焦慮型依附。」

焦慮型依附是心理學專業名詞，一種屬於不安全依附的類型，通常源自童年時期，因主要照顧者情緒忽冷忽熱，而引發兒童焦慮。焦慮型依附的人，成年後容易貶低自己，並透過與他人關係的好壞，來衡量自身價值。焦慮型依附的人談戀愛比較辛苦，因為不相信自己值得被愛，所以經常害怕失去對方，擔心被拋棄。

當奶茶小姐說到焦慮型依附，可以想像她在戀愛時，只要對方不在身邊，或對方有事在忙，沒有即時回覆訊息、回撥電話，她就會高度焦慮，而這樣的焦慮累積到最後，便升級成為「分離焦慮」。

「說說你們之間是怎麼相處的吧，想說什麼都可以。」我對奶茶小姐這樣說。

聽完我的話，奶茶小姐開始一連串抱怨，像是男友不按照她的方式做事，沒有馬上回電，沒有即時回覆訊息，這些都讓奶茶小姐情緒上感到相當不安，而因為焦慮、不安，便不自覺想控制對方，對方則因為她的控制行為而感到窒息，雙方因此不斷發生爭吵，最後衝突不斷的關係，讓對方感到心力耗竭，於是提議分手。

沒有覺察自己控制對方的行為，是導致這段關係破裂的最大主因，因此同樣的模式不斷循環，而在對這段關係失望以後，奶茶小姐就會開始尋找一段新的愛情關係，讓自己暫時忘卻痛苦。奶茶小姐就是這樣愛情成癮的，不自覺投入一段又一段的愛情，最後感到心累。

我問奶茶小姐，對於在愛情關係中控制他人的行為，她有什麼想法，她說：「我就是要控制對方，才有安全感。」

「我想了解一下，妳的原生家庭裡是不是發生過什麼事呢？如果不想說也沒關係。」

奶茶小姐說：「我願意說，會來這裡就是想徹底解決問題，我知道，我會變成這樣和我的原生家庭有很大的關係。」

幾次會談後，了解到奶茶小姐對男女關係高度焦慮的原因，是因為童年時期的家暴陰影。從小沒有爸爸，媽媽則是男友一個換過一個，每天喝酒渡日，根本沒人關心她的內在需求，而且媽媽常在喝了酒以後，對她又打又罵。

長大後，她發現自己在愛情關係裡特別容易感到不安，但從原生家庭裡只學到了以言語攻擊的方式溝通，所以在每段愛情裡，總是充滿爭吵、衝突。

一位美國內科醫師 Vincent Felitti 曾發表一個有名的《童年逆境》研究，童年經歷愈多逆境的孩子在成年後，罹患各種身心疾病的機率比較高。童年逆境包括：兒時受到精神虐待、性侵、家庭暴力（言語或肢體暴力）、照顧者有成癮者或身心疾病者。有過童年逆境的奶茶小姐，現在最重要的是，如何發展出一套適合她的身心照顧方法。

若沒有發展自我照顧方法或療癒自己，容易因童年創傷造成身心影響，而造成「生命蓓蕾凍結」狀態，如同一朵花停留在永遠蓓蕾的狀態，有些人因此有身心症狀出現，而治療師透過真誠的關係去治療、讓個案去表達，可以協助個案打開向內綻放的蓓蕾。

我問奶茶小姐，每次在愛情裡感到恐懼、焦慮與不安時，都會做什麼？奶茶小姐很可愛，她說會在自己做的小聖壇上點精油蠟燭，然後抽一些牌卡祝福自己，進行完這些儀式後，內心就會稍微平靜一點。

於是，我建議她當心情感到不平靜時，可以在聖壇面前冥想、抽牌卡，過程中試著把專注力放在自己身上，透過重複這種方式，不斷練習照顧自己的身心，並且常常提醒自己「我願意學習祝福自己。」

最後一次會談，她送我一個親手做的會讓財運變好的心願蠟燭，她說只要在蠟燭上寫上姓名、出生年月日，許下願望就可以了。

從來沒做過這種許願儀式的我，感覺挺有意思的，於是花了十分鐘的時間，照著步驟執行，並從內心感謝奶茶小姐用心的祝福。

Note

有過童年逆境的人比一般人更難信任他人因此容易在愛情中感到不安、挫折，但這不表示只能永遠停留在痛苦裡，然而要如何走出痛苦？最重要的就是，要先相信自己的存在是美好的、重要的，並學習善待自己，找到適合療癒傷口的方式。

雖然愛情確實有讓人忘卻潛在傷口的特殊魔力，但若只是不斷利用愛情來忘卻痛苦，而非真的準備好愛一個人，可能會讓自己愛情成癮而不自覺。

藉由我的臨床經驗，我見證了有很多人在學習如何好好愛自己、愛重視的人、愛這個世界，所以我深信愛的方式是可以重新學習的，只要你願意做出些微調整。

若你也因為經歷童年逆境而有著傷痕，那麼邀請你先從一個簡單的練習開始。

找一個安全的空間，只有你自己，眼睛輕輕閉上，隨著一吸一吐的呼吸節奏，集中注意力，告訴自己此刻感到安全，接著回想過去，當你回想到過去那個受傷的孩子時，讓畫面暫停，試著思考一下，你想說什麼話來安撫他。

最後，邀請你在日常練習「祝福自己」，想像內在有朵綻放的花，這將是愛自己很棒的方式。

用陪伴，找回曾在愛情受傷的妳
心理師用 25 個愛情故事分享如何好好愛自己、做自己

2022 年 09 月 01 日初版第一刷發行

作　　者　江珈瑋
編　　輯　王玉瑤
封面・版型設計　謝捲子
特約美編　梁淑娟
發 行 人　南部裕
發 行 所　台灣東販股份有限公司
<地址>台北市南京東路 4 段 130 號 2F-1
<電話> (02)2577-8878
<傳真> (02)2577-8896
<網址> http://www.tohan.com.tw
郵撥帳號　1405049-4
法律顧問　蕭雄淋律師
總 經 銷　聯合發行股份有限公司
<電話> (02)2917-8022

用陪伴，找回曾在愛情受傷的妳 心理師用 25 個
愛情故事分享如何好好愛自己、做自己 / 江珈瑋作 .
-- 初版 . -- 臺北市 :
臺灣東販股份有限公司 , 2022.08
192　面 ; 14.7×21 公分
ISBN 978-626-329-412-7 (平裝)

1.CST: 戀愛 2.CST: 戀愛心理學

544.37　　　　111011922